新教育的云伴读

为校长和教师伴读36本书

邱华国　吴　虹　主编

新教育
新教育文库·蒲公英书系

山西出版传媒集团　山西教育出版社

图书在版编目（CIP）数据

新教育的云伴读 / 邱华国，吴虹主编. — 太原 ：
山西教育出版社，2020. 3
ISBN 978 - 7 - 5703 - 0916 - 0

Ⅰ. ①新… Ⅱ. ①邱… ②吴… Ⅲ. ①阅读辅导—文
集 Ⅳ. ①G252. 17 - 53

中国版本图书馆 CIP 数据核字（2020）第 029019 号

新教育的云伴读
XINJIAOYU DE YUN BANDU

出 版 人 李 飞
出版统筹 潘 峰
责任编辑 樊丽娜
复 审 李梦燕
终 审 郭志强
装帧设计 薛 菲
印装监制 蔡 洁

出版发行 山西出版传媒集团 · 山西教育出版社
（太原市水西门街馒头巷 7 号 电话：0351 - 4729801 邮编：030002）
印 装 山西新华印业有限公司
开 本 720 × 1020 1/16
印 张 13
字 数 270 千字
版 次 2020 年 9 月第 1 版 2020 年 9 月第 1 次印刷
书 号 ISBN 978 - 7 - 5703 - 0916 - 0
定 价 45. 00 元

我们一起在云端起舞

朱永新

我在2019年出版的《未来学校》一书中，对未来教育的趋势做过这样的预测：在未来的某个时候，学生再也不需要按部就班、整齐划一地出现在同一个校园、同一间教室，学习的时间可由学生自己决定，学习的内容可由学生自己决定。于是，很多人通过各种途径问我，未来何时会来?

我也无法确切地回答这个“未来”到底是哪一天，因为我知道，教育的变革，不会像许多社会革命一样，一夜之间风云突变。但我冥冥之中感觉到，在社会结构正在被扑面而来的互联网、信息技术解构和重建的大趋势面前，融化传统教育坚冰的这个临界点已经很近很近。

谁都不会想到，一场疫情，直接把未来迁移到了现在。最近这几天，“网课”一下子成为教育界乃至全社会关注的高频词，很有些“忽如一夜春风来，千树万树梨花开”的味道。网课潮的到来，看似偶然，其实必然。面对这场突如其来的学习革命，有的人抵制吐槽、围观等待，有的人手忙脚乱、无所适从，有的人从容应对、优雅起舞。让我感到特别欣慰的是，很多新教育人迅速地融入了这场时代之舞，有的甚至成为翩翩的领舞者。

《为孩子重塑教育》在《致教师》中说：“每当事情的进展和预期不符时，无论是关于某个孩子、某个班级、某所学校，还是全国教育界，我们都将矛头直指教师，从来没想到要去做点什么来支持他们。”在这个非常时期，新教育人在自问："我们该为校长、老师们做点什么？孩子们'停课不停学'最该学什么？"在修复中国教育基因行动中，在引领教育改革的潮流中，新教育人从来都不会缺席。

正月初四那天，志文与我联系，说新教育学校管理研究所拟联手苏州半书房、互加计划、嘉学院等机构，推出面向校长、教师和义务教育阶段学生的"云伴读"公益课程，帮助大家打发闭门不出的日子。我当时就拍案叫好，觉得这是我们新教育人应有的气魄和担当。因为是头一次做这样的尝试，他们也拿不准到底会有多少人关注。但我觉得，这如同在寒冷的冬夜燃起一堆火，只要有足够的温度，一定会吸引需要取暖的人。

事实真的如此，事实也超乎了想象。据了解，"云伴读"课程开播期间，先后获得了近50万人次播放量，其中参与直播的约40万人次——而这是在没有行政干涉下产生的数据。尽管"云伴读"课程直播已经结束，但大家点播回放课程资源的热情仍然不减，这几天每天仍然以上万人次在递增。我不知道有哪一所大学能在线下承担起如此规模的教师培训，有哪一所学校的课程能得到这么多孩子的青睐，但"云伴读"做到了。"云伴读"之所以受到师生们的追捧，我觉得主要有三个原因：

一是阅读的力量。我一直认为，阅读是最好的教育，人是由他所读过的书造就的。读最好的书，就是与最好的人为伍。通过我们这么多年的奔走呼吁，包括新教育人在内的很多校长老师，已经将"与人类崇高精神对话"当作一种生活方式。阅读，正在成为新教育学校的行走方式，成为全社会尊崇的风尚。可以说，只要一说起阅读，哪里有召唤，哪里就会有回应和聚集。"云伴读"组织者主动顺应这个趋势，打起"经典伴读"的旗帜，为少年儿童、校长教师这两个群体筛选出了近百部教育、人文经典和名家佳作，开启了持续近一个月的伴读行动。他们能在最短的时间内拉起一支浩浩荡荡的阅读队伍，这既在意料之外，又在情理之中。是经典的力量，阅读的力量，让师生们一起靠近并彼此温暖。

二是名师的魅力。从阅读实践的角度看，经典阅读并不轻松，没有定力，没有适宜的策略做支撑，很容易浅尝辄止，半途而废。有时酒香也怕巷子深，好东西是需要吆喝的。请专业人士带着师生一起读，这就如同为阅读之旅提供了清晰的路标、借力的拐杖、照亮远方的灯。这次教师“云伴读”不仅在阅读清单的选择上秉持了经典性，而且在导读嘉宾的选择上力求“名人效应”。37位校长教师的伴读导师，有近一半的是作者本人，其余均是一直活跃在教育界的知名学者、教育专家、名师。为学生伴读的导师，有的是资深作家，有的是有着丰富教学经验的一线名师。由他们操刀烹制伴读大餐，带来的不仅是文字之美，还有领读者本人丰富的人生感悟和人格魅力。据说，有不少校长老师和孩子是冲着自己心仪的专家来听课的。“云伴读”在这个特殊时期，用经典的力量掀起教育的“追星潮”，也算是善莫大焉。

三是网络的优势。无数的事实表明，网络是一个将不可能变成可能的地方。如果没有网络平台，在这疫情期能够在极短的时间内用几乎零成本的方式，让37位教育名家、名师放下手头的事务，为校长、教师做专业阅读的引路人，断然不可能；如果没有网络平台，能够把近百万天南海北的校长老师和孩子们聚拢在一起，用近一个月的时间，足不出户完成一场潜心阅读的心灵之旅，更不可能。据说，《瓦尔登湖》的那场伴读，是由远在美国的郁宁远老师带着他在那里“微留学”的苏州学生，在瓦尔登湖畔完成的。数千名国内读者借助网络，感受到了瓦尔登湖的自然之美，看到了梭罗生活过的场景。在现场的冲击感，让很多人震撼了。是网络的优势让一场经典导读，跨越国界，精彩呈现了出来。

我是在2020年2月2日被安排在线伴读的，这是个令我终生难忘的日子。因为在这一天，我不得不和很多人一样，被突如其来的疫情囿于家中，倍感无奈；但也是在这一天，我有幸在自己的书房里，和全国2万多名校长教师，相约同一时段在线共话未来学校，一起经历、见证由云技术驱动的学习方式变革。最近，一位还没有走上教师岗位的“未来教师”在给我的信中这样写道：“身在乡村，自从我知道有‘云伴读’的那天起，每天用数据流量来实时参与，尽管不时的伴有卡顿，仍然坚持听完，因为内容太有吸引力啦！”

“云伴读”牛刀小试的精彩出场，给我们带来了太多的启示。由大数据、云技术、智能化等撬动的社会变革已经真实地发生，全球教育大业已经被这股浪潮裹挟着，走到了历史性的拐点。由此带来的学习方式变革、教育资源重组已经不可逆转。在这场教育革命正在上演之时，我们有多少校长教师、孩子和父母已经做好了准备？

让师生过一种幸福完整的教育生活，这是新教育人的使命。近百万的“云伴读”追随者与1600万教师和数亿的中小学生的庞大群体比，只是沧海一粟。我们用什么方式来唤醒更多的师生，从传统教育的窠臼中走出来，加入指向未来的教育之舞？“云伴读”似乎提供了一种全新的可能性。

风乍起，吹皱一池春水。校长教师的“云伴读”暂时画上了一个逗号，但它所带来的影响仍在持续发生。很多校长已经决定将这次的“云伴读”作为教师培训资源，让更多的师生受益。由“云伴读”搅动的这一池春水，正在向着未来激荡而去。

最后，我把我关于未来教育思考的三句话送给大家：未来总要来，不请它自来；未来正在来，现在有未来；美好的未来，行动做起来。

让我们一起和着时代的节拍，在云端上起舞。

2020年4月5日

“云伴读”的回望

邱华国

除夕前一天，获悉武汉封城，顿感新冠肺炎疫情来势汹汹，防疫形势越来越严峻。我们几位校长朋友通电话，大家一致判断，这次疫情比想象的严重得多，下学期学校正常开学时间大概率会受影响，全体师生或将过一个前所未有的闭门在家的特别的寒假。

闭门即是深山，开卷即可修炼，这对于准备读点书的人来说，是一个好时机。疫情期，手机得刷，电视要看，这书，也真可以多读几本的。以前，太多的校长、教师总是说想好好读点书，却感叹真没有时间；太多的家长表示真想让孩子读点课外书，却无奈于孩子的作业真是太多，赶了上场赶下场的培训班排得真是很满。现在好了，所有人家门不能出，孩子培训班也不能上了，没有时间读书的理由似乎一下子给全部堵住了。

疫情期应该有时间读点书了。

可是，读什么呢？教师家长们还真没有准备。手头该读、可读的书，或许本来就没几本。再说，那些春节回老家过年的人，有书也不会带在身边。马上购买吧，线下线上渠道一时半会儿也不会畅通。还好，有互联网，不如借这个机会，我们来邀请一些名家和名师来为校长、教师、中小学生“讲书”吧？用这种方式在线“伴读”，是否可以？冒出了一个名词：“云伴读。”后来又延伸出了“云伴学”。

于是，由新教育学校管理研究所发起，在第一时间内联合互加计划、上海嘉学院、彩虹花和阅汇等机构和组织，发起了云伴读、云伴学行动。

先启动的是云伴读。大年夜紧急策划，三天三夜夜以继日、昏天黑地地组织协调，邀请专家，编写文案，测试平台，大年初四正式对外发布。以前或许一两个月都未必能完成的事情，四天的时间，一气呵成。非常时期，非常策划，非常效率。

云伴读前后近一个月，特邀伴读专家、名校长、名师近百位，为师生伴读各种书籍一百多本，受惠师生五十多万人次，完成了一场低成本、高效率阅读推广活动。在云伴读中，还生成了许多未安排的伴读故事。如得知郁宁远老师带着学生在美国微留学的地点就在瓦尔登湖旁，于是临时起意，我们很快策划了一个特别的瓦尔登湖畔伴读《瓦尔登湖》。朱永新、汤敏等互联网教育擎旗人，不但在各自的书房里亲自为校长教师们“伴读”，还主动联手与一线校长教师在线互动1个小时。

我主持了大多数校长教师的伴读，36本书的伴读一本未落，简直是痛快淋漓地参加了一次超常规的“家里蹲”高级研修班。也有一些校长、教师和我一样，17天每天3场，一次未落全程参与了云伴读。据我所知，还有几所学校的校长把这次云伴读直接当作教师在线研修课程，组织全体教师参加，有的会后还组织了线上专题读书会。

云伴读得到了教育界内外许多人的认同和点赞。CCtalk平台上自愿打卡发帖的近千人，好几位校长教师坚持用简书记录每天甚至每次参与伴读的感受。现在，云伴读又得到山西教育出版社的青睐，把这次云伴读相关资料进行编辑出版，这也是对云伴读的另一种特别嘉许。

若干年后，当我们这些云伴读的策划者、组织者、参与者，回忆这段让人刻骨铭心的新冠肺炎疫情期时，至少还可以这样说，那一段日子，我们因不“孤读”而不孤独，我们以一种十分特别的形式参与了防疫、抗疫。

在此，特别向参与校长教师云伴读组织工作的各组织、机构相关成员致谢，还需特别致谢无锡三铭文化设计公司在非常时期免费为云伴读进行文案美工设计；常州三井实验小学徐燕娟校长及其团队在本书的编辑中做了很多撰写、整理工作，他们是：奚峰艳、解丽、赵丹、张一帆、杨蕾、黄新恬、李文卓、查嘉俐、耿吉倩、戴梦贤、周婉、沈陈慧等。特别感谢江苏理工学院刘猛教授、苏州半书房丁银洪老师在本书资料整理及审编工作中所付出的智慧和辛劳。

特别致谢各位伴读嘉宾，他们是（按伴读时间顺序排列）：徐飞、徐青、郭冰、卢锋、冷玉斌、汤敏、朱永新、李建华、钱志龙、俞正强、林忠玲、刘猛、张安仁、邱华国、李勇、卫功立、郭华、张治、魏忠、李东琴、郭少敏、卢志文、邱磊、徐瑛、陈大伟、朱雪晴、郁宁远、柳袁照、冯卫东、何伟俊、徐莉、唐晓勇、殷国雄、郑杰、史金霞、黄晓丹。

云伴读，让我们在非常日子里，多了一些力所能及的非常关注、非常作为。因为有了每天的特别的阅读，因为有了一些不曾谋面却相伴多日的书友，我们在这焦躁、忧虑、无奈的非常日子里多了几分安静，多了几分对人性的思考，多了几分对教育本质的理解和追问。

梭罗说，一本真正的好书教给我的远不只是阅读它。我必须很快将它放在一边，然后按照它来生活。我始于阅读，终于行动。

非常日子终究会过去，期待平常的日子很快来到。但愿我们在以后平常的日子里，因云伴读、因阅读而过得比以往的平常能多一点不平常。

目 录

阅读是最好的修行

【伴读书籍】《读书——教师的第一修炼》

闭门即是深山，开卷最可修炼。此书是引导教师乐于阅读、善于阅读，而且能够与作者直接对话的书籍。

这本书是徐飞老师的阅读修炼之旅。全书分为六辑，其中有阅读是如何成全个人的，进而让个人进行了一次思想的远行；也有徐飞老师给作者的建议，比如以专业阅读的眼光去读书，且教且读。此书会指导教师在阅读中进行一次心灵的修行，让阅读者在读书中学会读书。

书中既有读《理想国》《爱弥儿》《道德情操论》的深刻感悟，也有对阅读重要性、阅读方法的切实思考，你可由一本书走进更多书。读书让我们一步步去除遮蔽和狭隘，遇见更好的自己。

【作者、伴读嘉宾简介】徐飞

苏州中学附属苏州湾学校副校长，中国教育报2014年度推动读书十大人物，全国“三新”作文教学研究会副秘书长，苏州大学兼职硕士生导师，姑苏教育青年拔尖人才，苏州市学科带头人，苏州市首届“十佳”班主任。出版了《读书——教师的第一修炼》《徐飞的情味作文课》《作文处方》等著作。

【伴读荐语】

“幸福生活就是有空闲时间看自己最爱的书。”徐飞校长认为，信息化时代，我们缺的不是阅读信息，而是阅读信仰。要培养自己的“阅读中枢”，在碎片化阅读的时代，做一个有主见、有个性的阅读者。

通过对《教学勇气》一书中把教师隐喻为舞蹈和牧羊犬的深层次理解，徐校长阐述了教师的重要职能。接着他对《读书——教师的第一修炼》进行了详细讲解，并对《第五项修炼》进行了部分分享。

阅读很难但也很快乐，在这个修炼的世界里，我们只有不断地闯关，不断地储备自己的知识能量，寻觅到读书方法，汲取更多的精神力量，才能满足每一位学生的精神世界。教育就是与美相遇，在美中完成人格的构建。阅读让我们彼此相伴，读书是向阳生长，写作是向下扎根，读写共生，方能遇见教育最美的姿态。

【伴读摘要】

一、阅读成全自己

内尔·诺丁斯曾说过，幸福生活就是事业顺遂、良好的人际关系、有空闲时间看自己喜爱的书，以及在海滩上散步看日出与日落……其实这个寒假的特殊时期，换一个角度来讲，我觉得对于我们读书人来说，也正好提供了一个闭门读书、修身养性的机会。

> 读书可以一步步去除遮蔽与狭隘，让我们遇见越来越好的自己。朝一本本书走去，其实正是朝着本然的自我走去。

二、在读书中学会读书

一书多读，比如《教学勇气》这本书，它曾经在教育界引起极大的关注，相信绝大多数老师都读过。当时我在读2005年版本的时候，虽然读得很兴奋，但还是经常会遇到一些让我觉得半懂不懂的地方，而这种感觉在我重新再读2020年版的时候，是一点都没有的。

一个人总归要有几个旧友，同样一个人读书，不能没有几本他经常翻翻的老书、旧书，这些老书就是他的老朋友，每次见到他就有一种亲切而熟悉的感觉。如果一个人没有老朋友，这种人是不足以跟他交朋友的。如果你没有几本书是经常拿过来，反复看看的，你还不是真正的读书人。

黑塞曾有这样的看法：每一位思想家的每一部著作，每一位诗人的每一个诗篇，过一些年都会对读者呈现出新的、变化的面貌，都将得到新的理解，在他心中唤起新的共鸣。他举了自己读歌德的例子："我年轻时初读歌德《亲和力》只是似懂非懂，现在我大约第五次重读它了，它完全成了另一本书！这类经验的神秘和伟大之处在于：我们越是懂得精细、深入和举一反三地阅读，就越能看出每一个思想和每一部作品的独特性、个性和局限性，看出它全部的美和魅力正是基于这种独特性和个性。"经典作品就具有这种常读常新的品质，正如意大利作家卡尔维诺所说："一部经典作品是一本每次重读都像初读那样带来发现的书。"

苏轼《送安敦秀才失解西归》诗云："旧书不厌百回读，熟读深思子自知。"

三、专业阅读的眼光

关于读书，我有一个经常说的观点，就是表面的阅读是肤浅的，有时候哪怕是口头讲，哪怕是笔头写，你会发现最初在你脑子里那些朦朦胧胧的那种观点，会因为你的表述而得以清晰。我特别欣赏像李希贵校长、程红兵校长、李海明校长，他们一直笔耕不辍，一边在实践，一边在思考，一边在写作。写作是一种深刻的思考。当你真正在写的时候，你会将核心素养、课堂教学、课堂评价等之前还没有真正形成的一个核心体系，或者说形成系统和核心观点，在很短的时间内迅速地学习，将能找到的资料，进行密集型学习消化，内化为自己的观点。

一是书上有痕。黄老师讲自己读书时，喜欢在书上圈圈画画，写些零碎的感想。二是嘴上有痕。读了以后最好找人"吹吹牛"，对书上内容择其精华讲给别人听，这种阅读会取得较好的效果。三是心中有痕。要多去思考琢磨，反观人生，在心灵上留下痕迹。

四、来一次思想的远行

《读书——教师的第一修炼》前三章是关于读书的意义、价值以及读书的方法。后面三章是我自己读过的20多本书的读书推荐。这些书中有的我读过好几遍，比如说《活出意义来》《爱的艺术》，每次在重读的时候，就会有一种新的发现。

> 在人类的历史长河中，有一类思想者，他们的书能够影响读者的一生。艾里希·弗洛姆无疑就是这样的思想者。再次捧读他的代表作《爱的艺术》，我的心不断地为一种博大、慈爱的情怀而激荡，书上再度留下了我众多的圈画痕迹。这是一部每次读都能给你留下思索、带来震撼的书!

五、心灵修行的艺术

有一本书叫《让大象飞》，讲的是创新思维的培养，包括《第3选择》，这些都是能够撬动我们思维的书。所以，我所认为的好书，是具有炸药一样的力量，能够摧毁旧有的观念的书。用卡夫卡的话来说，它必须是凿开我们心中那冰封的海洋的一把斧子。好书是带有一种救赎性的力量，它能够重新构建出你的一种思维。我们有时候很羡慕一些成功人士，但是你有没有想过，其实决定他们成功的是思维方式。你去听马云的演讲，听俞敏洪的演说，就会发现他们读的书视野非常开阔、内容非常前沿，而这也就恰恰促使了他们思维的灵活性。

> 没有真正的阅读，就没有教育。教育，应该从经典阅读开始。而所谓经典书籍，可以借用卡夫卡的一个评价标准:“必须是凿破我们心中冰封的海洋的一把斧子。”《朗读者》一书，就是这样的一把斧子，它凿开我们心头的冰层，让暖流涌出。

六、且教且读

我在《漫步教育人生》中写过：教育就是与美相遇，在美中受到情感的激荡和情操的熏陶，在美中完成人格的构建。但美不仅是教育的手段和途径，它更是教育的目的和内容，它甚至是教育本身。教育的目的就是“成人之美”，使人成为“美人”。正如曹文轩所说:“当一个人的情感由于文学的陶冶而变得富有美感的时候，其人格质量丝毫不亚于一个观点深刻、思想丰富的人。”教育的内容也应该是美的，教师牵着学生的手，把他们带到人类最美的风景前。

> 教育家陶行知也说：“我要把育才办成一个诗的学校，盼望大家帮助我。我要以诗的真、善、美来办教育。”

学习型组织的艺术实践

【伴读书籍】《第五项修炼——学习型组织的艺术与实践》

通过对大量管理团队的研究，发现高智商的人聚在一起，整体智商反而降低了，组织的智障妨碍了组织的学习与成长，使组织及其中的个人被一种看不见的巨大力量侵蚀甚至吞没了。如何解决这个问题？彼得·圣吉提出了以系统思考、多元整合的方式为现代企业与个人提供了一种全新的管理与自我管理规范——五项修炼，即自我超越、改善心智模式、建立共同愿景、团队学习、系统思考。

《第五项修炼》明确提出了“学习型组织”的管理理念，以及如何通过五项修炼来打造有超强学习力的学习型组织，强调从事五项修炼。从个人来说，要成为一个终身学习者；从团队来说，要成为学习型组织。

【作者简介】〔美〕彼得·圣吉

美国麻省理工学院（MIT）资深教授，学习型组织之父，于1990年提出“终身学习”“学习型组织”的概念。著有《第五项修炼》《变革之舞》等。《第五项修炼》在全世界范围内引发了一场创建学习型组织的管理浪潮，美国《商业周刊》也因此推崇圣吉为当代最杰出的新管理大师之一。

【伴读嘉宾】徐青

新教育学校管理研究所副所长，原常州北郊小学、常州香梅小学校长；常州市名师工作室领衔人，“2029 学校”共创行动秘书长。因办学中通过互联网链接优质资源的突出成绩，受到中央电视台国际频道深入报道。

【伴读荐语】

徐青校长以《学习型组织的艺术实践》为题，结合自己的教育理念和实践，对五项修炼一一进行了解读。在伴读中，他基于对本书的理解，用自己的语言表达了对学校精神文化的理解，用培养怎样的学生、发展怎样的老师等教育中的基本追问回应学习组织的建设。伴读中，他还分享了身边一线教师个人阅读及团队阅读本书的实践，并以第五项修炼的理念，对教学进行了系统思考。

【伴读摘要】

一、第一项修炼：自我超越

自我超越的修炼是学习型组织的精神基础。精熟于自我超越的人，能够不断实现他们内心深处最想实现的愿望，他们能够全身心地投入，不断创造和超越，是一种真正的终身学习。自我超越不仅存在于我们的教师团队、校长团队，同样存在于我们的学生团队当中。他们都有自我超越的目标，但是光有这些目标还不行，还需要有奋发创造的能力，要有挑战极限的勇气，这样我们就能实现自我超越，而个人的自我超越是整个团队超越的基础。

> 自我超越水平高的人都有一个特点，即具备慈悲心和连通感（connectedness），这自然地给他们带来宏大的愿景……愿景超越私利时，其行愿承诺就会使人具备一种能量，它不是追求狭隘目标时所能得到的。组织机构若能激发这种行愿承诺，也一样会具备这种能量。

二、第二项修炼：改善心智模式

在我国心智模式这个词不常说，我们可以用一种中国人都听得懂的说法，比如说观念和思维方式。正是因为我们有了这种心智模式才有了对世界、对人生、对自己的认知，才推动了我们在行为当中的表现，这也是一种潜意识，有时候我们觉察不到。那么怎么样才能改善心智模式？要改善自己的心智模式，必须把镜子面向自己，有效表达自己的想法，开放心灵，容纳他人。

> 反思实践是心智模式修炼的精髓……如果没有反思和在人际交往中学习的技能，学习实践就一定是反应式的，而不是生成性的……生成性的学习实践要求各个层面的人在外部因素强迫他们改变之前，就能够显露并挑战自己的心智模式。
>
> 整合系统思考和心智模式修炼所带来的最终回报，不仅是改善我们的心智模式（我们思考什么），还能改变我们的思考方法：从以事件为主导的心智模式，到新的心智模式——它能让我们看清长期变化规律，及其产生和发展背后的结构性原因。

三、第三项修炼：建立共同愿景

如果有任何一项领导的理念，几千年来一直在组织中鼓舞人心，那就是拥有一种能够凝聚并坚持共同愿景的能力。建立共同愿景，对于组织价值观的形成，特别对于组织凝聚力的强化具有重大影响。我们的组织只有建立了共同的愿景，才有可能鼓舞人心，才有可能大旗一挥，众人跟进。共同愿景对于组织价值观的建立有很大的作用，特别对于组织的凝聚力的强化具有重大的影响。

> 建设共同愿景修炼的第一步就是放弃传统观念，即认为愿景总是从“高层”宣示的，或者从组织的正规计划工作中来的……其次，高管层关起门来写出的愿景宣言，并没有植根于大家的个人愿景……最后，愿景不是解决问题的方案。假如把它看成是解决问题的方案，如士气低落或战略方向不明，那么，“问题”解决以后，愿景的能量也就消失了。愿景

建设必须成为领导者日常工作的核心内容，不断进行，永无止境。它实际是全部领导活动的一部分：设计并培育企业所从事事业的“主导理念”（governing ideas）——不仅包括愿景自身，还包括志向目标和核心价值。

四、第四项修炼：团队学习

如果一个组织整天忙于事务，从来都没有时间拿出来学习，这是一个没有希望的组织。反观目前教育现状，我们的团队学习其实是非常缺失的，更多的是经验的积累，这种提高是十分有限的。有共同的愿景还不够，还需要有团队的学习。

> 系统思考的观点和工具都是团队学习实践的中心内容……学习型团队应对习惯性防卫的方法，本质上也是系统性的。不把习惯性防卫看成别人的行为，而把它看成大家共同造成的行为，从中发现我们自己在其产生和持续运作中的作用，就帮我们找到了解决问题的杠杆。

在团队学习的过程中，我们还要有积极的对话。这一段时间的团队学习之后，我们还会再次沟通提升，来取得更高层次的共识。

五、第五项修炼：系统思考

系统思考是以一种新的方式，使我们重新认识自己所处的世界，一种心灵的转换。从将自己看作与世界分开转变为与世界连接，从将问题看作是由外面某人或某事所引起的转变，改为看到自己的行动如何造成问题。它是一种全面的思考，是动态的思考，更是一种本质的思考。为什么这本书不叫五项修炼而叫第五项修炼？原因是第五项修炼最重要。而且前面四项修炼都需要在“系统思考”统领下才能实现“系统思考”应有之义。

当你是做老师的时候，以班级做系统；当你做学科的时候，以学科做系统；当你是教研组长的时候，以教研做系统；当你是中层骨干的时候，以中层骨干担任的领域做系统；当你是校领导的时候，以整个学校管理做系统。

> 教育体系所需要的创新是一个更大的任务，它不是教育界单独就能

完成的；这种创新之举将需要整个系统的战略微系统。包括工商界人士和学生自己，来共同创造……21世纪的教育必须从根本上摆脱19世纪和20世纪的模式。这就要求创新的空间，而不只是追求成绩的压力。年轻人对此感受最为深切。他们知道自己必须成长为世界的公民。他们需要理解世界所面对的问题。他们想知道如何有效地解决这些问题。不满足这种需求的学校会变得越来越边缘化，越来越没有价值。而且，年轻人都热切期待能参与到其中去。

把握教育的节奏，激发和引导学生的自我发展

【伴读书籍】《教育的目的》

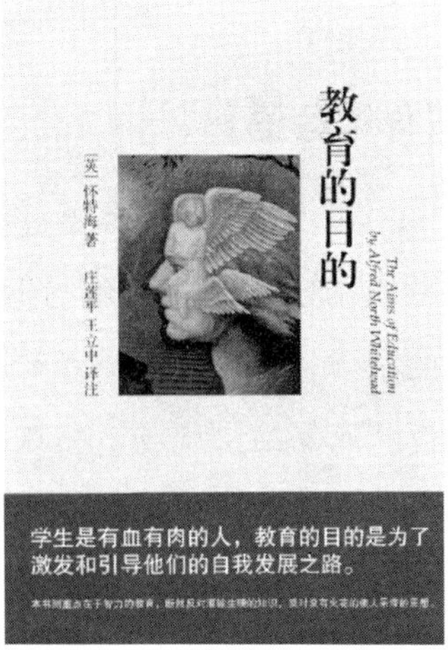

本书英文原版首次出版于1929年，是怀特海有关教育的演讲论文集，比较全面地反映了他的教育观念。他在书中以其严密的逻辑和深刻的哲学剖析了关涉教育目的的一些基本问题，其主要观点都来自实践经验、教育反思和理论批判。他旗帜鲜明地指出，对于生机勃勃的学生来说，教育的目的就是激发和引导他们自我发展。这一中心思想贯穿全书的各个章节，怀特海从多个角度对其进行了论证。该书的最终诉求是要在教育中拒斥僵死的知识和呆滞的思维。虽然怀特海的论述主要针对的是英、美两国的教育问题，但是他揭示出的教育原理，也适用于中国教育。读之思之，对于我国广大教师、家长和教育研究者来说，都颇有启发意义和指导价值。

【作者简介】〔英〕怀特海

数学家、哲学家、教育家。与罗素合著的《数学原理》标志着人类逻辑思维的巨大进步，被称为永久的伟大学术著作之一。创立了庞大的形而上学体系，《过程与实在》《观念的历险》等是其哲学代表作。

【伴读嘉宾】郭冰

北京教育学院德育与班级管理研究中心讲师，北京师范大学教育学博士，从事德育研究及德育培训工作，承担国家级和市级骨干班主任培训项目、德育校长研修项目、师德培训项目等，参与多项学校改进计划。近两年以《教育的目的》为例，在班主任培训及校本培训中做“深度阅读”专题讲座。

【伴读荐语】

郭冰老师以深度解读的方式，分三次导读了怀特海的经典教育演讲《教育的目的》，将教育的目的、教育的节奏及教育在其他方面的体现进行选择性的精读。在伴读中郭老师用轻柔的嗓音娓娓道来，引导我们跟随她一同走进怀特海的演讲现场，品味这位大师的教育理念，让枯燥晦涩的理论变得通俗易懂。教育在一定程度上是相通的，读罢此书，不妨将书中理念与自身经历相联系，感悟如何在日常教学或班级管理中实现教育的节奏、教育的自我发展，不失为一种趣味。

经典的教育理论固然难读难品，但只要一点点品味，我们总能找到探索求知的入口，从中汲取我们所需要的教育养分。

【伴读摘要】

一、教育的目的是什么？

> 我们的目标是，要塑造既有广泛的文化修养又在某个特殊方面有专业知识的人才，他们的专业知识可以给他们进步、腾飞的基础，而他们所具有的广泛的文化，使他们有哲学般深邃，又有艺术般高雅。

如何塑造这样的人才？培养自我发展的能力；拒绝呆滞的思想、避免僵化；教授少而精的科目；和多姿多彩的生活联系起来，让知识生动活泼；根除科目之间毫无关联的状态。

二、怀特海的教育目的观并非个人本位。在社会层次上，他将个人发展和民族存亡相联系；在宗教层次上，他认为宗教性教育能教导人有责任感和敬畏感。

三、“教育的节奏”指的是“为每一个有教育经验的人所熟悉、并在实际中要用的原则”，那就是“学生心智发展的不同阶段，应该采用不同的课程，采用不同的学习方式”。

> 智力发展的过程显示出一种节奏性，这种节奏包含着一种互相交织的循环，而整个过程作为发展中的小旋涡，又受到一个具有相同特点的更重要的循环周期的控制。

教育可以分成三段，浪漫阶段、精确阶段、综合运用阶段，这实际上也是一个自由、训练与自由的交替过程。

1. 浪漫阶段：孩子开始有所领悟，有所发现，在一堆乱七八糟的概念中，从事一种有点散漫的活动。

2. 精确阶段：注意知识的积累，通过掌握精确的知识细节进而领悟原理，最重要的是要平衡好自由与精确之间的关系，使求知获得最大的收获。

3. 综合运用阶段：从本身来讲，就是回归浪漫，只不过它是升级之后的浪漫，他可以积极主动地应用知识，可以把精确阶段学到的细节抛掉，从而积极使用原理。

四、孩子的第一个智力发展的循环周期是幼儿时期。一个新生的婴儿通过感知物体以及物体间内在的联系去认识这个世界，这是最初的浪漫阶段。之后他掌握口语，进入精确阶段。当他开始把语言作为跟人交流的一种工具，开始去分类甚至去归类，更敏锐地去认识世界，就到了综合运用阶段。这个过程是完全自然状态下发生的，学习的效果非常好，每个孩子都学会了用语言表达自己的想法。

幼儿期结束后，学习的效果却不如前面的好，原因有三：1. 幼儿期是在自然状态下的，遵循着自然规律。2. 我们后面没有去尊重这种与生具备的成长节奏。3. 孩子们在第一个阶段非常专注，心无旁骛，完全陶醉在自己的世界当中去表达自己想要的东西。

> 我们应该明智地为以后的各个发展循环周期保留一定的专注集中。特别是，我们要避免在发展循环周期的同一时段进行不同科目的竞争。

语言和文学的学习周期是这样的：八岁左右，是孩子最浪漫的一个时期，不要让他们有太多的条条框框的知识点，让他们比较散的，发挥想象去认识这个世界。十一二岁，精确阶段，特别注意语言的学习对文字的领悟，孩子开始学着写作文。十五六岁，综合运用的阶段，不会再去一一讲语法规则、表述方式，更多的是让孩子学会如何运用这些语言去写一些东西描述这个世界。

历史应加在语言文学的学习当中。单拎出来，应从十一二岁开始，也就是有精确的语言表述能力之后，这样他才会对历史产生浓厚的兴趣。

科学类的学习，起步要比语言类的晚一些，在十岁之前都没有必要去加强科学的训练，他可以自己去学。十一到十五岁是浪漫阶段。十五岁始要让他们去掌握一些精确的科学知识，文科生只要一年就够，理科生精确时间至少要到中学毕业的时候。

最大的周期是婴儿至成人后，婴儿期至小学结束是浪漫阶段，中等教育阶段是精确阶段，大学之后是综合运用阶段。

> 浪漫、精确和综合运用，自始至终地存在。但是交替地占据主导地位，这种交替形成了不同的循环周期。

在教育阶段，最容易出现的问题是，我们不尊重规律地把精确阶段无限延长，同时我们又忽略了一个最初的浪漫阶段，这就导致了大家没有兴趣，学得很累。

我们很难在提倡自由的同时，又做足训练，但我们要努力把这种危害降到最低程度，去考虑既能保留孩子的兴趣，又能够让他们掌握一些正确的知识。所以我们要考虑，把阶段都错开，更好地去实现自我发展。

> 发展的本能来自自身：发现是由我们自己完成的，训练是自我训练，收获是我们自身首创精神的成果。

我们在所有的教育领域都要去把握节奏，只不过它的节奏是不一样的。

五、大学是教育机构+研究机构，那大学因何而存在呢?

> 大学存在的理由是，它把年轻人和老年人联合在一起，对学术展开充满想象力的探索，从而在知识和生命热情之间架起桥梁。大学传授知识，但是它是以充满想象力的方式来传授……充满想象力的探索将会点燃令人激动的气氛，这种气氛会带动知识的变化。

大学老师应该展现他的真实个性，带着大学生们去做研究，在研究的过程当中，以想象力的方式让学生在研究当中自己去获得这些知识。大学的理想不在于知识，而在于把一个孩子的知识转变为一个成人的力量。

六、中学教育的三种主要教育形式：文学、科学与技术。这三门当中每一门课程，都应该包括另外两门。但需要注意的是学习必须有所侧重。

文学类的课程，重点在于语言，要学习向他人表达我们心理状态的方法。科学教育的重点在于观察自然现象，是认识和推动这些现象可能产生的后果有何规律的训练。技术教育是用知识进行物质产品生产技能方面的训练。

> 不应该把技术教育看作是完美的柏拉图文化的一种残缺的替代物：即，看作是一种由于受生活条件所限而不幸不得不接受的有缺陷的训练。任何人所能获得的都不过是不完整的知识和不完整的能力训练。

七、技术教育与科学的关系。一所职业技术教育类的学校不应该去强调一种高度专业化的技能，只有学得更广泛一些，今后的适应能力才会强。因此，我们不能只专注于技术，而需要学习一些具有一般性原理的科学知识。

在普通教育当中，应教授一些直接而简练的数学概念。1. 量的概念与数的概念，之后简单研究一些一般定理。2. 自然界规律的一般概念，在数学当中总结出来的叫作函数。3. 进行逻辑方法的训练，一环扣一环，层层递进。

八、技术教育与文学的关系。每个人都要学文学，通过阅读文学作品，通过欣赏艺术作品，可以得到一些快乐和愉悦的享受。

> 我们的任务是，如何利用中学阶段的几年时间。在这段时间里，要尽可能地让古典文化比其他科目更快地丰富学生的智力品性，将古典文化教育和其他科目类一起出现在这个时期的课程表上。

对于古典文化，最直接的接触是语言，不是说直接去学习拉丁语和希腊语，要从熟悉的英语句子入手，英语句子分析熟练了之后，再去教他们外语，再去看如何用新的语言来表达。就是在这样的过程当中，学生的思维获得了训练，得到了培养。

九、技术教育的理想状态是，工作就是娱乐，娱乐就是工作。技术教育要培养出享受工作的人，包括工人、科技人员，甚至企业家。

> 各民族之间的竞争，最终将取决于工场而不是战场，胜利将属于在利于成长的条件下工作、受过训练并精力充沛的主人。艺术——这是其中不可或缺的、根本的条件！

我们今天的任务是，不用被动地去模仿，而是大胆运用创造力量。

每个人都拥有让自己成功快乐的能力

【伴读书籍】《重塑心灵》

《重塑心灵》被公认为NLP［身心语法程序学（Neuro Linguistic Programming）的英文缩写］界最被推崇、最受欢迎的书，它通俗易懂，深入浅出，特别适合教育界人士阅读。因为教育必须研究人的大脑，研究如何让人幸福，而本书所有的内容都旨在告诉读者，如何才能让每个人包括我们自己更成功、更快乐。当校长或者教师读完并能够在日常教育生活中灵活运用本书介绍的技术时，教育就会变得非常轻松有效。

这本书全面地介绍了NLP的历史、理论框架、基本概念等基础理论，共分为十章，每章都有其独立的主题。书中提供了少量既安全又容易产生实效的技巧，以及更多与时代同步发展的新观点与新案例，同时本书的概念与技巧也可为所有人在面对人生难题时提供启迪。

【作者简介】李中莹

被誉为“华人世界的国际级NLP大师”，发展出大量独到而实用的思想和行为技巧，可以有效地帮助一个人培养良好的心理素质。其在心理治疗方面的造诣颇深，尤其在运用NLP技巧引导人们快速提升身心健康方面，不仅享誉国内心理学界，近年在欧洲的国际心理治疗大会中也得到一致肯定。

【伴读嘉宾】卢锋

苏州大学教育哲学博士，新教育研究院新生命教育研究所副所长，深圳市新安中学（集团）第一实验学校道德与法治教师，学校生命教育研究与指导中心主任，中国陶行知研究会生命教育专业委员会理事。曾获苏州市优秀教育工作者，参与完成国家重点课题1项，主持完成省级课题2项，副主编著作2部，公开发表论文15篇，其中中文社会科学引文索引核心2篇，主持出版《新生命教育》教材（山西教育出版社2016年出版，贯穿小学一年级至高中三年级，全套共22册）。

【伴读荐语】

卢锋主要从NLP的基本精神、信念系统、自我价值、情绪四个方面简单介绍了书中的几个章节，佐以鲜活的例子，深入浅出地向我们介绍了书中的理念。书中重点介绍了NLP的12条前提假设：没有两个人是完全一样的、一个人不能改变另一个人、有效果比有道理更重要……

卢锋说这本书对他的启发非常大，不亚于又读了一个学位，那这本让卢老师读了二十多遍的书到底有何魅力呢？让我们跟着卢老师走进这本书。

【伴读摘要】

一、这是一本让人仿佛读了一个学位的书，能够解决教育的根本问题。《重塑心灵》是一本关于NLP的书，NLP常被解释为研究我们的大脑如何工作的学问。NLP的基本精神有12条前提假设。这些鲜明的理论非常符合我们的现实，如果老师按照这种方法教学或是与家人相处，那我们的生活会非常幸福。

二、没有两个人是完全一样的。这是每个教育人应该承认的现实，因为每个生命都是特殊的，但是老师总会希望学生好的行为都是一样的，这正违背了这一原则。我们没有办法让每个人变得一样，因为每个人的信念、价值观和规条都是不一样的。我们如何给别人空间，就需要尊重他人的价值观。

尊重别人的不同之处，别人才会尊重你独特的地方。每个人的信念、价值观和规条系统都是在不断演变中，所以没有一个人在两分钟内是一样的。两个人之间即使信念、价值观和规条不一样，仍能够建立良好沟通或者良好关系……在尊重别人的信念、价值观和规条的同时，我们也有权利要求别人尊重我们的信念、价值观和规条。

三、一个人不能改变另一个人。每个老师都雄心勃勃想要改变孩子，但从逻辑的角度来说，这是不成立的。当学生不听话，出现不符合老师预期的行为时，我们应该把问题归结于自身，问问自己，需要继续做什么才能影响学生，从而达到学生的自我改变，要让学生遇到更好的老师。

四、有效果比有道理更重要。老师的道理应该是用来帮助学生成为更好的自己，一定是有效果的，但往往老师容易忽视这一点。有的家长会抱怨孩子总不听自己的话，抱怨时也总是强调自己的付出。纵观现实，如果家长对了，孩子却输了，那这种“对”又有什么意义。但如果我们换种思路，在与孩子相处时，找出自己的错误，与孩子相处时改变思路，那结果可能会截然不同。有的时候我们太过看重道理，就会看不到更多的可能性。

只强调做法正确或者有道理而不顾是否有效果，是在自欺欺人。……“讲道理”往往是把焦点放在过去的事上，注重效果则容易把注意力放在未来。效果是计划的基础，也是所有行动的指针。因为没有两个人的信念、价值观和规条一样，所以，没有两个人的“道理”是一样的。

五、我们所了解的只是由感官经验塑造出来的世界，不是绝对的真实世界。我们总想改变世界，但从未找过世界在哪里，也从未想过是否有这样真实的世界存在。所有的世界都是我们脑中的世界，我们都在戴着眼镜看世界，眼镜便是我们的世界观。心理学上经常谈到情绪ABC理论，其实真正困扰我们的不是外界，而是我们对外界的看法。问题本身不重要，重要的是我们对问题的看法。

改变主观经验在脑里的结构模式，便会改变事物对我们的影响和我们对事物的感受。……事情从来都不会给我们压力，压力来自我们对事情的判断和反应。情绪也从来不是来自某人的言行或环境里出现的转变，而是来自我们对这些问题的态度，也就是我们的信念、价值观和规条。

六、沟通的效果取决于对方的回应。当学生发生“错误”时，老师不应光说学生的错处，只讲道理。自身不管道理说得多对，只有对方收到，道理才有价值。心理学中强调沟通的效果，主要取决于声调和身体语言，其次才是文字，而文字也只占7%。

沟通没有对与错，只有“有效果”或者“没有效果”之分。自己说得多么“正确”没有意义，对方收到你想表达的信息才是沟通的意义。……话有很多种表述方法，使听者能够接受说话者想要传达的全部或大部分信息的表述方法，便是正确的方法。

七、重复旧的做法，只会得到旧的结果。老师有的时候会遇到职业倦怠期或教学疲劳期等，就是因为我们在重复旧的做法，所以我们需要创新。凡事必有至少三个解决方法。有能力的人往往是选择多的人，我们需要打开自己的思维。朱永新教授提出的新教育中有一个理论：戴着镣铐跳舞。中国的应试教育往往会束缚老师的思维，当老师说没有办法时，自己便会不幸福，当我们说自己有办法时，幸福便会随之而来。

陷入困境的人，就是处理事情只用一种做法，并固执地认定除此之外别无选择。……有了第三个做法的人，很快便能找到第四、第五，甚至更多的做法。有更多的做法，就会有更多的选择，有选择就是有能力。……只有相信尚有未知的有效方法，才会有机会找到它并使事情改变。不论什么事情，我们总有选择的权利。

八、每一个人都选择给自己最佳利益的行为。老师总会做的一件事就是批评学生，在批评时老师会给孩子一个错误的暗示，让孩子觉得自己错了。这时候，孩子会觉得老师不接纳自己，导致批评达不到效果。孩子都有自己的想法，他们的潜意识其实都是正面的，他们想要证明自己是强大的，或是掩饰自己的弱点，或是想要得到激情和快乐，或是想要得到一种关注，或是逃避痛苦。当老师能够站在孩子的思维角度上，才能真正地帮助孩子。

每个人都已经具备使自己成功快乐的资源。生命教育里有一个重要的教学目标，帮助孩子在负面事件中看到正面价值。如果孩子有这个能力，他在任何情况下都能快乐。2020年的新冠疫情正是给我们中华民族上了一节生动的生命教育课，让全国人民体验不重视生命、不重视防疫、不重视人和自然的关系、不懂得保护自己生命健康所需要付出的代价，这正是一个沉浸式的体验。

> 每一个人都可以凭改变思想去改变自己的情绪和行为，因而改变自己的人生。……所有事情或经验里面，正面和负面的意义同时存在，究竟是我们的绊脚石还是踏脚石，须由自己决定。……情绪、压力、困扰都不是源自外界的事物，而是由自己内在的信念、价值观和规条产生出来的。不相信自己有能力或有可能，是自己得不到成功快乐的最大障碍。

九、在任何一个系统里，最灵活的部分最能影响大局。什么样的人是最容易幸福的人，那便是灵活、原则较少的人。让孩子幸福比优秀更重要。没有挫败，只有反馈。应试教育可能培养了很多的人才，但也抹杀了一部分人才。老师应该给孩子一种观念，孩子是没有失败的。只要孩子有自己的目标，所有的失败只是人生的必由之路。所有的事件都是一面镜子，它照出了你的能力和现在的定位，重新出发就可以了。动机和情绪总不会错，只是行为没有效果。作为老师不应该轻易说孩子错了，应该好好地和学生聊一聊，现在的行为是否达到自己预期的效果。

十、教育孩子最重要的就是改变孩子的信念，树立正确的三观。一个好的信念是怎么形成的呢?

信念形成的四个途径：

1. 本人的亲身经验。
2. 观察他人的经验。
3. 接受信任之人的灌输。
4. 自我思考做出的总结。

十一、信念是可以更换、修改或拓展的。那孩子有哪些行为是我们需要避免的呢？

1. 使自己失去学习机会，因而不能有所提升的信念。
2. 使自己留在原地、停滞不前的信念。
3. 减少自己有更多选择的可能性，限制本人能力发挥的信念。
4. 把责任交给其他的人事物，因而自己无能为力。
5. 把原因归结为一些不能够控制的因素，因而不能挑战或者改变。
6. 维持自己一个“没有资格”身份的信念。

十二、一个人的理解层次从低到高有六层：环境、行为、能力、信念与价值、身份、系统。当我们的理解层次越高，幸福感便会越强，有效的人生应该从上往下设计。

做有温度的教育

【伴读书籍】《教育的情调》

这不是一本教育技巧指南，而是一段寻找教育情调的旅程。

亲爱的读者，在这本书中，你能通过一个个教育小故事，看到真正的教育者应有的样子——敏感而机智，知道什么对孩子合适、什么不合适，知道该说什么、不该说什么，关注孩子的独特之处，关注孩子的个体生活世界，懂得如何“看”孩子和“聆听”孩子。

只有真正的教育者，才能读懂孩子的内心，把准教育的基调，让教育和成长变得更加美好而充盈。

【作者简介】马克斯·范梅南、李树英

马克斯·范梅南，教育现象学重要开创者，著名教育学者，美国教育研究协会（AERA）“课程和教学终身成就奖”获得者，代表作有《教学机智——教育智慧的意蕴》《儿童的秘密》《实践现象学》等。

李树英，教育现象学知名专家，澳门城市大学教务长兼教育学院院长，澳门教育发展研究所所长，近二十年来一直致力推动人文视域下的教育现象学在全球的研究与实践。

【伴读嘉宾】冷玉斌

小学语文教学专家，“国培计划”北京大学小学语文课程开发及教学指导专家，中国教育报2015年度推动读书十大人物，代表作《教书·读书》入选中国教育报2017年度教师最喜爱的100本书之TOP10、第一届“爱阅童书100”教师书目。

【伴读荐语】

写有温度的文字，做有情调的教育，聆听有温度的伴读。通过一位位鲜活的人物、一幕幕具体的场景、一个个生动的故事在润物无声中把教育这门复杂而细腻的学问呈现在大众面前。没有教条的理论，只有敏感、机智和爱。用春风化雨叩开孩子的心门，用教育情怀叩开读者的心门，在走进孩子世界的时候也打开自我的世界，寻找生命的无数可能。教育学，是一门迷恋他人成长的学问，教育他人追求真善美，自己也毕生走在寻求真善美的道路上。

【伴读摘要】

一、所谓教育现象学就是一门追问对教育生活中的具体现象之体验的学问。

> 这里的“现象”指的是我们教育生活中具体的“情境”。这种情境涵括了生活世界中所有的人与人交往的时刻。当情境中的交互主体发生了具有教育意义的行为时，“教育现象”就产生了。

校长和老师们常常有很多机会外出听课，各路名师的课堂总是非常精彩。听课之后教师尝试进行模仿，便会出现疑惑和不解，为何名师的课堂不能照搬？为何无法复制名师课堂的精彩？很简单，就是因为情境不同。处于不同的教学时空、教学现场，面对不同的学生，哪怕完全复制名师，你所产生的教育现象都有可能完全不同。所以我们面对的始终是属于个人的、此时、此地的教育现象。而我们学习名师，恰恰也是要关注现象，从这些现象中寻找到自己的体验，再把它转化为自己的教育教学实践。我们所了解的，只是由感官经验塑造出来的世界，不是绝对的真实世界。从另外一个角度来看，我们所了解的只是感官所感应到的生活现象、教育现象，实际就是由情境交互产生的现象。回到教育的本身，就是一件件鲜活的小事情。直接关注学生的生活世界和生活体验，并且对他们做有益的反思，从而形成教师本身对教育具体情况的敏感和判断。

教育现象学是一门探讨成年人与孩子如何相处的学问。

请记住，没有也不可能有抽象的学生。（《给教师的建议》苏霍姆林斯基）

教师面对的是一个个活生生的教育现场。在教育的过程中，教师总是自以为很了解学生，有很多东西可以教授给学生，却往往会自觉、不自觉地犯很多“低级错误”。什么是教育学？

教育学就是迷恋他人成长的学问。（《教学机智——教育智慧的意蕴》马克斯·范梅南）

二、本书经过李树英老师的翻译、改写，添加东方的生活和体验小故事，有两个主题：一是希望从技术主义、教条主义、后现代主义和全球化的消极影响中拯救“教育学”的思想，使之重新与责任、使命和情感联系起来；二是探索和提供一种对教育学的反思更加生活体验本位的阐述，同时也探讨对生活世界中具体的教育时刻的理解。我们甚至可以将本书看作是一本教育现象学的案例集，可以循着每个案例不断地反问自己。本书的特色更突出教育的智慧性，教学的机智性，所谓教育的敏感性和机智，是教师进入孩子心理世界的能力。展示出教育实践在成人和孩子之间呈现出的既微妙又高度规范性的特征，同时也展示出优秀的教育者需要具备的超越知识和技术的特殊品质，即用心看教育。

三、马克斯·范梅南在书中提出了一个个鲜明而直接的教育现象学观念——真正具有好奇心的孩子，不是一口气问200个问题，而是偶尔会问1个问题，却具有深度的思考。从教育学的角度看孩子，我们习惯用刻板的认知来引导自己的行为。

作为教育者，无论我们的举动多么充满善意，我们的言语和行动所表达的情境仍然可能与孩子体验到的那种情境根本就对不上号。

四、如何找到教育的情调？从体验、机智、情感、气氛、行动这五个关键词入手。

1. 体验

小丹尼的家在北方的一个采矿小镇上。现在他正在离家三百公里远的一个诊所里。房间里光线充足，诊所里的人让小丹尼在一张桌子的一边坐下，桌子上除了一个大盒子什么都没有。过了一会儿，一个大块头的男人走了进来，他从小丹尼身边穿过，然后迅速地坐了下来，这个男人就是小丹尼的心理医生。医生的助手把小丹尼的母亲和祖父带到了单面镜的另一边。小丹尼五岁了，他的大脑发育好像比较迟缓。今天他将要在这家位于大城市的诊所里接受一系列的诊断测试。

桌子上的盒子里装着测试材料。小丹尼对这点一无所知，因为盒子太高了，他根本看不见里面。实际上他对心理医生从盒子里拿出来的材料一点儿兴趣也没有。他看上去很不舒服，他起先低声地抽泣，后来开始放声大哭。很显然他不会立刻停止哭泣，因此心理医生把材料又放回了盒子。这个魁梧的男人一边跟小丹尼说不要哭，一边开始写着什么。同时，他一直在看他面前的表。总之，小丹尼非常伤心，但是心理医生并没有试着去安慰他。这位心理医生后来解释说，他不想打断小丹尼对当时情境的反应，他只是认真记下了小丹尼哭泣的时间和强度。

另有一位心理医生同小丹尼的母亲和祖父坐在房间的另一边。在小丹尼哭泣了将近十分钟之后，这位医生再也不能忍受放任孩子独自伤心了。她走进房间把小丹尼抱起来放在自己腿上，小丹尼这才逐渐停止哭泣并平静下来。

…………

然而，在那家位于大城市的诊所里，事情又是怎样的呢？那位心理医生沉浸于关于儿童成长的研究文献中，熟练地运用诊断工具，精确地写出科学报告——一位彻头彻尾的临床医生。他诊断过数以百计的孩子。但是，他似乎对小丹尼此时此地的体验一点儿也不敏感、不在意：陌生的房间，大块头的男人，旁边还有个盒子，妈妈和爷爷走开了，只留下我一个人。这位医生忽视了一个最基本的问题：孩子会怎样体验这样的情境呢？这位专业人士拥有很多的临床“知识”，但却缺乏“敏感性”——一种周全的、充分体贴他人的思想。这样的思想是一种特殊的知识。

我们也可以反问自己，是否具有这样一种特殊的知识。用教育学的角度看孩子，当我们追求“体验”时，我们所体验到的会决定最终能够选择怎样的教育行为，实现我们所期望达到的教育情境。

2. 机智

一位敏感而机智的老师知道什么时候需要保持沉默，什么时候适合做一个小小的手势，什么时候应该忽略某些事情而报以一个会心的微笑，用沉默“说话”。有时与孩子在一起的最美好的时光是在静默惬意的相伴中度过的。

许多老师在自己的教学案例写作时会用到这样的词语“一个眼神”“一个微笑”“一声鼓励”便让一个孩子发生了转变。而什么时候给孩子一个眼神、一句鼓励、一个微笑，这取决于教师对现场的敏感和机智的运用。在许多案例之中，把教育行为、教育转变讲得太过于轻松。不要指望能够一蹴而就，教育机智需要在时间中慢慢发挥效用。

3. 情感

在《扔海星的人》这个故事中……艾斯利在海边沙滩上散步，人们沿着海岸线捡拾着海水退去后留下来的贝壳和海星。当他走过拥挤的拾贝壳和海星的人群时，他看见远处有一个身影，这个人正目不转睛地紧盯着沙子里的什么东西。只见他弯下腰把一个东西扔进了远处澎湃的浪涛中。

当艾斯利走近时，他又看见那个人弯下腰去。在沙子和淤泥沉积处，一只海星正努力地向上伸展双臂，试图从令人窒息的淤泥中挣脱出来。只见那个人迅速而轻柔地捡起海星，用力将它远远地扔进了海里。"它会活下去的。"他对艾斯利说。艾斯利有点困惑，他注意到其他人都没有冒险下到离海水这么近的地方。"你有没有捡过什么？"那个人问，一边弯腰看着沙滩上求生的海生物，一边轻轻地说，"只像这样，为了生命而捡。"

艾斯利在这个故事里指出：科学规则的本质并不是简单地对自然现象加以搜集和分类，以为人所用。真正遵守规则的人应该是那个"扔海星的人"，那个救助海星使其重返大海的人，那个为了大自然和生活规律，通过劳动了解自然本质的人。他描写的扔海星的人被一种情感，一种遵守规则的情感，一种需要遵从和负责任的情感驱使着。这里，"遵从"意味着能够去倾听，倾听那些向你倾诉的内容。而要想知道海星在说些什么，你就必须热爱它们。

承认教育的有限，作为教师，有些东西我们做不到，但我们可以做到倾听、帮助、支持，能做多少做多少，只要有情感的参与，即便失败了也没关系。

4. 气氛

气氛是我们体验生活空间的方式。气氛是老师将自己呈现给孩子们的一种方式，也是孩子们将自己呈现给老师的一种方式。

气氛带来的是情感的体验，行动的产生。

5. 行动

教育就是行动。每个孩子都需要被“看到”，孩子教会我们心怀希望和保持开放，这就是要求我们积极行动起来，在自己的管理和实践中看到孩子心怀希望和保持开放，发展教育的敏感和机智。教育现象学和生活体验研究都是独特的生活取向。行动的指向包括以下四个方面：阅读童心，迷恋成长；终身学习，成为自己；追求真实，热爱生活；写下故事，创造人生。

五、从这本书中学习整理、分析、运用案例的方法，尝试去写作，撰写出属于自己的《教育的情调》。我们从事的教育，就是一个又一个看起来再简单不过、再枯燥不过的活生生的教育现象。

六、不要拿教育遮蔽了大人与孩子之间爱的举动。一次好的对话，一次好的相处，就是非常好的教育。首先让彼此成为独立的人，在这样的基础上，有情调的教育就会慢慢发生。此身、此时、此地就是我们所拥有的一切，面对我们的学生，面对我们自己，我们所做的一切都决定了我们日后会是怎样的人，我们的教育会是什么样子。

抓住教育变革的新机遇

【伴读书籍】《慕课革命》

大规模在线教育的慕课革命大幕已经拉开，这是一场基于互联网及移动互联网的教育大变革。

慕课（MOOC）就是一种大规模在线教育，但是，它和传统在线教育的区别是什么，为什么受追捧，特点是什么？为什么全球包括中国顶尖的大学，以及中学、小学都在开展慕课教学？慕课对小学、中学、大学和职教有哪些影响？它能否真的实现教育公平？对于无法回避教育问题的每个人来说，我们将从这个慕课中得到什么？在具体的实践中，我们应该做些什么，又能够做些什么？

这些就是本书探讨的问题。它将通过大量国内外的实践案例，告诉读者慕课的发展历史和趋势，中国该如何应对，以及慕课的商业模式有哪些、如何赚钱等。

【作者、伴读嘉宾简介】汤敏

美国伊利诺伊大学经济系博士。现任国务院参事，友成企业家扶贫基金会常务副理事长。先后担任亚洲开发银行经济发展研究中心经济学家、亚洲开发银行驻中国代表处副代表兼首席经济学家、国务院发展研究中心中国发展研究基金会副秘书长。同时兼任中国人民银行研究生部部务委员会副主席，北京大学中国经济研究中心、武汉大学经济学院兼职教授，北京智石经济研究院院长，“中国经济50人论坛”专家成员。

【伴读荐语】

汤敏老师就“线上教育”对“传统教育”的加速替代，思考：未来世界会如何变化？未来需要什么样的人才？如何培养未来的人才？

伴随着对未来教育问题的解读，融合了他创作《慕课革命》时的独特见解，汤敏老师认为第三次工业革命呼啸而来，到时将是以创新为主的社会，各行业对创新要求越来越高，目前的教育非常缺乏创新和思维训练。从这个意义上，我们的教育要改革。

那如何才能有效、快速地跟上这个时代呢？未来的我们又需要什么样的能力呢？这些就是本书探讨的问题。伴读者汤敏老师通过大量国内外的实践案例，告诉读者慕课的发展历史和趋势，中国该如何应对，以及慕课的商业模式有哪些、如何赚钱等。

【伴读摘要】

一、基于这次突发疫情之后中国即将发生的十大变化，其中“线上教育”对“传统教育”的加速代替更为明显，线上教育形式慕课将席卷全球，影响全世界每一个人。慕课（MOOC）是大规模公开在线课程，是一种崭新的教育和学习方式。有了慕课，让优质的教学资源共享，人们不受国别的局限、时间的约束、年龄的限制，根据自己的兴趣选课，学习变得不再枯燥。这意味着校园围墙正在被打破，预示着教育领域将可能发生颠覆性变化。大规模在线教育的慕课革命大幕已经拉开，慕课革命是革谁的命？“革”的最重要的是教育不公平的“命”。从根本上有别于传统课堂，改变教育中的老师“满堂灌”，把学生当作“知识容器”的问题。真正追求教育的民主化、公平化。

> 简而言之，慕课让任何有学习愿望的人能够利用最优质的教育资源，低成本地、通常是免费地学习。它正在改变几千年来的传统教育方式，使授课者与学习者能跨越时空互动，让知识获取的方式发生了根本变化。

二、未来已来，教育就是为了未来做准备的，教育就是要面向未来。那未来世界会如何变化？未来需要什么样的人才？如何培养未来的人才？为什么要引进慕课互联网教学，是多了一个教学工具，还是能为我们解决一个大问题呢？慕课正是顺应这些需求应运而生的，慕课对大学教育的颠覆，对中小学教育的重构以及职业教育起着脱胎换骨的作用。慕课带来的教育变局正在逐渐渗透到教育行业的各个链条，并影响越来越多的人。慕课革命是一场新的教育革命，在悄悄地向我们逼近。这场以慕课为标志的教育革命，是“印刷术发明以来教育最大的革新”，有可能不亚于工业革命对我们的冲击。

> 今天，我们又到了一个新的革命时代，又到了一个新的发展机遇的关键时刻，因此关注这些最新的发展变化，关注并参与这场最新的工业革命与教育革命，是我们国家未来能够在世界竞争中获得领先地位的根本保证！

三、未来，进入全新的科技时代，我们还有工作吗？牛津大学近日预测：未来中国77%的工作都有被机器人代替的可能。替代的不仅仅是传统工厂流水线的工人，会计、审计师、律师、记者也可能被替代，这些变化都对就业市场造成很大的冲击。杜威曾说过，如果你像昨天一样教育他们，你就抢走了他们的明天。马云也说过如果我们继续以前的教学方法，对我们的孩子灌输记、背、算的东西，不让孩子去体验，不让他们去尝试琴棋书画，那么他保证三十年后孩子们找不到工作。从某种意义上来说，我国的教育正在面临着大的变革。教育最大的成功是让学生学会学习，而慕课的出现将会大大地改进课堂教育方式。用慕课方式培养的学生在创新方面可能有巨大的优势，慕课会对学生如何学习、怎样有效学习产生重大影响。

未来的竞争是创新与创业的竞争，核心是人才，是经过教育培训的人。我国要保持世界工厂地位，就得在教育，特别是在职业教育上走在世界的前列。职业教育可以慕课化，普通大学、终身教育，甚至部分中小学的课程也可以慕课化。这样，我们就有可能在未来走出一条新路来。

四、未来，这场慕课革命到底会走多远？为未来世界准备的人才教育，为此应运而生的慕课又会发生什么变化呢？未来，我们的学生需要什么样的能力呢？学生应具备四大方面的能力：1. 运用科技的能力，未来的教育不是把传统的课堂搬到网上，而是让新技术解放本来就有的学习能力和天分。2. 跨学科快速学习能力，未来学生可以在网上搜寻数以百万计的不同课程，根据自己的兴趣选择爱听的部分。3. 强大的协作和沟通能力，世界各地的学生在虚拟社区中结成学习伙伴，在自己选择的学习环境中学习。4. 解决复杂问题的能力与自信。

当慕课将精英课堂免费向全世界开放之后，变化最大、受益也最大的首先是学生。慕课服务的海量学生带着各种各样的需求和目的进来学习。他们中有传统意义上的学生，也有相当一部分人不是为文凭、证书而来学习的。这些人的需求越来越影响教育的发展方向。

五、怎样解决中国教育公平、应试问题呢？只有推动慕课革命，这就需要改变教师的教学方式、改变高考模式。未来教师更像一个导师，从以“教”为主，变成了以“导”为主。老师的任务不再是满堂灌地传递知识，而是指导学生如何获取信息，解决学习中的问题。慕课是一个新生事物，需要摸着石头过河，不断地试错。双师教学即通过互联网，把城市优质教学资源送到贫困地区的乡村学校中去。在中国，我们率先把全国最好的人大附中的课直接慕课到教育最薄弱的贫困乡村学校进行试点试验。试验一年，试验班的成绩远优于非试验班，说明双师教学是成功的，教育公平是有希望实现的。

在慕课面前，只要能接通互联网，对每一个想得到最好教育的人，想听到最好老师讲课的人都是平等的。如果人大附中老师的讲课，可以用远程的方式直接上到13个试验班去，就有可能上到1000个、10000个班中去。

六、找到变革的机会，危机就是转机。这是人类历史上第一次如此大规模、多层次的慕课实践。通过抗击新冠肺炎，全国的教师、学生都亲身体验到如何用互联网直接学习全国，甚至全世界最好的课程。这就有可能加快我国教育改革和教育公平的推进，甚至促进人们养成网上终身学习的习惯。对我们教师来说，也面临一个巨大的挑战，未来教学模式的改变，教师能力也随之发生改变。教师应重新学习，掌握新工具，应对新变化，终身学习。

学习中心：未来学校的样态

【伴读书籍】《未来学校》

《未来学校》是朱永新教授继20年前《我的教育理想》之后的又一本升级版的“我的教育理想”，入选中国教育新闻网主办的2019年度“影响教师的100本书”TOP10。

作为朱永新教授几十年来从事教育研究的最新成果，本书不仅涉及基础教育，也涉及学前教育、职业教育和高等教育；不仅涉及学校教育，也涉及家庭教育、社会教育、终身教育。从教育内容到教育方法，从教师队伍到评价体系，朱永新教授对未来教育、未来学校进行了预测和重构，提出“今天的学校会被未来的学习中心取代”的趋势判断。

【作者、伴读嘉宾简介】朱永新

第十三届全国政协常委、副秘书长，民进中央副主席，新教育实验发起人，教授，博士生导师，中国教育学会理事会学术委员会顾问。被评为“中国十大教育英才”、改革开放30年“中国教育风云人物”、“中华十大财智人物”、中央电视台“感动中国”候选人、“全民阅读形象代言人”、“为了公共利益”年度人物等。

著有《朱永新教育作品》（十六卷）等著作，被译为英、日、韩、阿拉伯等多国文字。

【伴读荐语】

我们常常说“铁打的校园，流水的学生”，但你可曾想过，“铁打的校园”有一天也会变成流水的校园？你可曾想过，我们今天的学校生活是天经地义的吗？学校的形态永远是今天这个样子吗？人类的教育一开始就是今天这样的面貌吗？

传统的学校与学习中心有什么区别？“泛在学习”如何突破时间、空间的限制？未来的学习内容会发生哪些转变？能否实现为学生个人化的学习提供充分支持的同时，学生群体的整体核心素养提升也得到必要保障？互联网技术和在线教育在学习中心的构成中将发挥哪些作用？新的教育生态下，师资建设和教育评价体系又将发生哪些变化？

带着诸多好奇和疑问，让我们聆听朱永新教授的亲自伴读，一起走进《未来学校》，探寻关于学习中心的新构想。

【伴读摘要】

一、现代学校制度是大工业时代的产物，已经无法适应互联网高度发达的信息化、智能化、个性化时代。正如传统的商业已经被淘宝颠覆一样，现在的学校制度也处在大变革的前夜。我们的构想就是——用未来学习中心（Learning center）取代当下的学校（school）制度。

从一定意义上讲，学校是人类创造的最伟大的发明，也是传承人类文明最重要的机构。但是，现代学校制度也有工业革命带来的“胎里毛病”。

> 最根本的毛病就是，它强调效率优先，用工厂化的生产方式“生产”人才，用整齐划一的教育模式安排教育生活，除了统一的入学时间和统一的上课时间，还用统一的教学大纲、统一的教材、统一的教学进

度和统一的考试评价来培养虽然年龄相同但个性迥异、能力水平不一的人。

1915年，教育家约翰·杜威出版了《明日之学校》一书。其实，这本书的书名完全可以翻译为《未来学校》。未来不是空想的明天，而是建立在今天基础上的明天。所有对于未来的预言和构想，都是基于今天的实践和探索的判断。

在本书介绍的大量案例中，我们已经真真切切地发现了许多未来学习中心的要素，这些学校与我们理想中的未来学习中心非常接近。而且，以今天的科学技术和社会发展水平，我们也完全能够构建一个全新的教育体系与教育结构——未来学习中心。

二、未来学习中心的设计原则

人性化——以人为本的教育，缩小学校规模，降低学业标准。

自由化——尊重教师和学生的选择，自由地选择学习的时间、地点、内容、方法以及向谁学习，让所有人都能选择最适合自己的教育。

多样化——学习中心要有特色，特色就是卓越。

个性化——教育的个性化是幸福完整的教育生活的重要路径。

未来的学习中心，无疑会采取一种“以学定教”的个性化学习。

所谓以学定教，就是依据学生的具体情况（学情）来确定教学的起点、方法和策略。

这里的学情包括学生的知识、能力基础，学生的年段认知水准，学生课前的预习程度，学生对新知的情绪状态等学习主体的基本情况。

未来学习中心的一个重要标志，就是突破时空限制的“泛在学习”（U—Learning）将逐步取代传统的有固定时间、固定地点的学校学习。

泛在学习，顾名思义就是指无时不在、无处不在的学习，是一种任何人可以在任何地方、任何时间，用任何方式获取所需的任何信息的学习方式。也有人将之称为无缝学习、普适学习和无处不在的学习等。

三、学习中心不再是一座孤岛，不再像以前的学校一样成为与其他学校不发生联系的教育机构，而是一个真正意义上的学习共同体。一个学习中心会与多个网络学习中心和实体学习中心建立密切的合作关系，共同构成一个学习社区，学生可以互相选择课程，互相承认学分，教师可以跨越学习中心指导。

未来的学习中心不再是孤岛，而是彼此连接的环岛。未来的学生，不是像现在一样只在一所学校学习，而是在不同的学习中心学习。

未来的学习中心，是一个开放的体系。未来的一个小学生或者一个中学生，甚至一个大学生，他可以在这个学习中心学习数学，在那个学习中心学习艺术，然后在另外一个学习中心学习科技，而且学习中心可以是跨区域甚至是跨国界的。

四、未来学习中心将为每个学生定制课程。一方面实现国家规定的基本学习标准，一方面根据学生的天赋潜能和个人兴趣设计个性化的课程。从补短教育走向扬长教育，对优秀学生和天才学生提供学习支持和奖励。现代基因技术、心理学和脑科学已经提供了新的可能性。

从人的成长来分析，每个人的知识体系和智慧结构基本上是依靠他自己来建构的。如果所有人都学同样的课程，就难以形成每个人独特的知识体系与智慧结构。而没有充分的时间和空间，学生是无法实现这样的建构的。因此，必须把学习内容的选择权，把学习的时间和空间还给学生，才能真正实现这样的可能。

五、未来学习中心将采取政府学习券与个人付费相结合的方式。学习中心可以由政府举办，也可以由民间举办。政府为基本学习内容买单，个人为个性化选择学习内容付费。WISE（厦门大学王亚南经济研究院）做过一次调查，发现未来私人为教育买单的经费会大大增长。

未来社会将进入一个能者为师的时代，不同的学习中心将会如雨后春笋一般涌现，而在初期，良莠不齐、鱼龙混杂也是必然会出现的现象。一方面，需要市场自身的检验，优胜劣汰；另一方面，也需要政府的认定检查，鉴别合格与不合格、优秀与卓越。

政府应通过信息公开的方式，为公众选择学习中心提供资讯。

同时，各种民间的培训机构，将转变为相应的学习中心。政府在鉴别之后，对于合格的、优秀的学习中心（培训机构），就可以采取政府采购的方式购买服务，为公众提供更多的学习资源和更多的选择空间。

六、未来学习中心将打破学校教育与社会教育、普通教育与职业教育的壁垒，为学生的终身学习提供服务。有以技能训练为特色的学习中心，有以素质养成为特色的学习中心等。不同的人群都可以寻找自己需要的不同学习中心。

在大数据时代，教育过程中的一切行为都可以转化为教育大数据，通过对教育大数据的采集、处理和分析，可以构建学习者学习行为相关模型，分析学习者已有学习行为，对学习者的未来学习趋势进行科学预测，为学生的自我学习监控、教师的教学决策和教育机构的教育决策提供更精细化的服务。

七、未来学习中心，如果实施学分银行制度，可以有效调节政府、社会、学习者、用人单位和教育机构等相关方之间的关系，跨越目前教育中存在的鸿沟。

学分银行制度能跨越各个教育阶段之间、能跨越学历教育和非学历教育之间、能跨越公办教育和民办教育之间、能跨越国内教育和国外教育之间、能跨越知识学习和能力培养之间等的一系列鸿沟。

八、未来学习共同体的教育目标是过一种幸福完整的教育生活。这是新教育实验20年来一直孜孜以求的追寻，让所有从事和参与教育的人享受教育生活，享受学习过程。让学习中心成为汇聚美好事物的中心，所有的人真正成为他自己。

未来不是我们要去的地方，而是我们正在创造的地方。方向比努力更重要，认清未来教育的方向，认清未来学校的方向，我们才能创造更好的教育、更好的学习中心。

读做合一　知行合一

【伴读书籍】《跟蔡元培学当校长》

这本书不仅细致爬梳了蔡元培先生任北大校长期间的心路历程、革新措施与成就，并且运用教育学理论，从校长的角色意义、角色愿景、角色策略、角色执行和角色成就五个方面，对其教育理想转化为教育实践的全部历程进行了深刻剖析。该书钩沉史料，深入浅出，历史学、教育学均有涉猎，其间所彰显的，正是“学校之理”在大学场域的曲折践行过程。因此，这本书不仅有益于大学校长，更有益于将教育理想在所服务学校推动的广大中小学校长，对近代教育史、思想史以及对教育领导人才培养感兴趣的读者都能从中获益。

【作者简介】吴家莹

台湾东华大学花师教育学院院长。获台湾师范大学教育学博士，曾在美国哥伦比亚大学及英国约克大学从事研究工作。历任台湾花莲师范学院教务长、学务长、国民教育研究所所长。著有《追寻新学校之路》《校长如何实践其治校理念——蔡元培的经验》等学术著作。

【伴读嘉宾】李建华

河南郑州艾瑞德教育集团总校长，兼艾瑞德国际学校校长，江苏省首批

“物型课程”研究员、南京市德育专家；曾任南京市金陵中学河西分校（民办K12学校）小学部校长、南京市莲花实验学校（公办K9学校）校长。2013年率先提出并践行“做有故事的教育，办有温度的学校”的教育理念，被誉为“有温度的校长”“一个教育的鲁滨孙”。2018年10月受聘为北京师范大学教育家书院第六期兼职研究员。受邀全国各地做办学经验交流百余场，发表文章达40万字，著有《教育的温度》等。

【伴读荐语】

李建华校长以管理上学稻盛和夫、教育上学陶行知、做校长学蔡元培为目标严格要求自身，三读此书。他结合自身经历，以思维导图为媒，展示出蔡元培校长的角色意义、角色愿景、角色策略、角色执行和角色成就，以及自己作为校长的“五角”，真正做到设身处地，由彼及此，将自己读成了一本书。他提出校长读书的意义，即丰富自己、影响他人、改变学校，让阅读成为校长的生长力和领导力。

这本书不仅为有志于大学革新的校长而写，也为热情变革中小学的校长而写。蔡元培如何做校长？如何学习蔡元培校长？自己该如何做校长？若是校长们有心将教育理想在所服务的学校中推动，一定可以从此书中获益良多。

【伴读摘要】

一、导读

假如每一位校长都像蔡元培那样，那我们作为教师便会很幸福。《跟蔡元培学当校长》这个书名当中有一个字——“学”。中国有句古话说道：不会过日子，跟邻居学。拿来套用一下：不会当校长，跟蔡元培学。书很薄，只有

200页，还是十多年前出版的，但是书的层次很清晰。这本书一共分成五个板块：角色意义、角色愿景、角色策略、角色执行、角色成就。

1. 角色意义：有意义的角色是由亲自从事的人所赋予的并自己也作如是想。

2. 角色愿景：若没有一个伟大的梦想或愿景，则每天忙的都是些琐碎之事。

3. 角色策略：重振组织所需的创造性张力，是由坚持一个愿景，同时诚实地说出相关于愿景的目前实际情况而产生的。

4. 角色执行：教育理想的实践是一种曲折起伏的过程，耐心等待不受诱惑，且坚持不偏离策略主轴才能终底于成。

5. 角色成就：蔡元培苦心惨淡经营北大，而后北大始成其所以为大。

这五个板块又可以通俗地理解为："校长是谁？""带领学校走向何方？""如何走？"以及"走得怎么样？"书中重点写了"角色策略"和"角色执行"两个板块，在"角色执行"中，作者介绍了蔡元培1916年至1922年在校长履职期间的经历和做法，并按照三个构想来写：发展性构想、支援性构想和维生性构想。建议大家以年度为单位好好读一读，因为每一年度都是以这三个构想展开的。在读的过程当中，我们不仅要关注蔡元培在任职期间做了什么，更重要的是要能理解蔡元培做法背后的价值观，而后者正是值得我们借鉴的。作者在这本书的导读中，就明确地告诉了我们他写这本书的目的：

激发校长将自己治理学校经验写下来的意愿，丰富校长处理其角色所要面对五大任务课题的智能。

我把它理解成激励校长动手写一写，动脑做一做。

当校长开始书写自己的治校故事，则其主体性就能逐渐得以彰显，因之心也就更能珍爱所主持之学校；而当校长借着阅读有深度之前辈办学故事，则其理想性就更易被激发，因之心也就更能涌流智慧办学。在校长既能真爱自己之学校，又能用智慧去治理它，则办学之乐就在其中滋长了。期盼此新境界能在更多校长们心中生根立基。

让我们跟蔡元培校长学当校长吧！

二、怎样的蔡元培

蔡元培先生考过秀才，中过进士，入过翰林。他在当时的殿试策论中考了第37名，应该说是非常优秀的。他做过中国教育学会的会长，当过临时教育总长，干过校长。但真正让蔡元培名垂青史的还是校长，他提出的“五育并举”属中国近代教育史上首创。

蔡元培是第一位提出“军国民教育、实利主义教育、公民道德教育、世界观教育、美感教育皆近日之教育所不可偏废”的教育思想家，主张五育并举，这是蔡元培教育思想的一个显著特点。

1. 军国民教育：从国外环境来看，中国处于“邻强交逼，亟图自卫，而历年丧失之国权，非凭借武力，势难恢复”。就国内情况而言，要打破军人成为“全国中特别之阶级”的局面，就“非行举国皆兵之制，否则无以平均其势力”。

2. 实利主义教育：加强科学技术教育，提高生产力，发展国民经济，国家富强才能够在世界竞争中生存下来。

3. 公民道德教育：“自由、平等、博爱”的道德观念，分别比作中国古代儒家所提倡的“义、恕、仁”。他主张广泛吸收国外文化，同时“必择其可以消化者而吸收之”，并且“必须以‘我’食而化之，而毋为彼此所同化”。他批评有些志行薄弱者，一到国外留学，“即弃捐其‘我’而同化于外人”。

4. 世界观教育：世界观教育是建立在把世界划分为现象世界和实体世界这个唯心主义世界观的基础上，要求人们遵循思想自由的原则。

5. 美感教育：美感教育是人们从现象世界通向实体世界所必经的桥梁。美感教育的重要性源于其特点，人从现象世界通向实体世界存在的障碍不外两种意识，一是人我之差别，二是幸福之营求。

根据蔡元培提出的“五育并举”，再看看当代教育的“五育并举”。2018

年全国教育大会提出了“德智体美劳”五育，2020年初，教育部召开了全国教育工作大会，陈宝生部长说了这样一段话：“提升落实立德树人根本任务的针对性实效性，对准‘五育并举’体系中的短板弱项，保持定力、持续用力、精准发力。要绘好爱国主义同心圆，推动教体融合，划出美育硬杠杠，构建劳动教育责任链条，打通家校连心桥。”我认为值得我们校长去思考。

我们都知道蔡元培先生担任过北大的校长，其实他也代理过上海澄衷学堂（现上海市澄衷高级中学）校长，即为首任校长，他还创办了中法大学，主持制定了《大学令》和《中学令》，这是中国的第一个大学和中学校令，并开创了中国公立大学招收女生之先例。

三、我的收获

他给我们印象最深的教育思想就是：思想自由、兼容并包。这本书我读过三遍，俗话说：“书读百遍，其义自见。”最近两年我读书有个习惯，什么时候开始读，什么时候读完，我都会标注一下。

这本书我是这样标注的：“2014年6月2日阅完。”“2019年8月27日阅完。”“2020年1月24日除夕阅完。”为什么在这三个节点读同一本书呢，跟大家交流一下我的心路历程。2014年5月至6月期间，我被调到南京一所九年一贯制公办学校做校长。这个学校当时是三校整合，在城郊接合部，85%是外来务工子女。我当时很迷茫，于是第一次开始读这本书。读完后对我有两点启发，第一点：找回信心。困难再大，都没有蔡元培当时在北大做校长时困难大。1916年至1922年，中国政府像走马灯一样更替，蔡元培作为当时南方的革命党，北行之路更是吉凶难测。第二点：蔡元培对北大图书馆的建设。我在这所学校也加强了图书馆的建设，我们称之为“阅读梦工厂”建设。到现在为止，这所学校的图书馆依然是南京市初中里最好的图书馆之一。

2019年，我又开始读这本书。那时的我已经辞去公职，到了现在的郑州艾瑞德国际学校做校长，并且已经工作了两年。从当时的“千里走单骑”到现在的“千骑卷平冈”，学校发展蒸蒸日上，老师们充满活力。那么两年后的学校路在何方？我的校长职业路怎么走？我再读此书，又得到了深刻的启发：首要的是加强学校文化建设，特别是校风建设，尤其要关注学生群体和教师群体。

2020年1月，我第三次读这本书。当时我在学校管理层提出了“坐标”概念，希望我们年轻的中层干部在人生成长的道路上，能够找准自己的“坐标点”。这个“坐标”一定得是厉害的人，并且要模仿他，学习他。或许我们成不了他，但是我们可以靠近他。当时我在行政会上给自己提出的“坐标”是三个人，分别是管理上学稻盛和夫，教育上学陶行知，做校长学蔡元培，于是就开始三读此书。各位朋友不要笑话我好高骛远，《孙子兵法》上说：“求其上，得其中。求其中，得其下。求其下，必败。”因此任何时候我们都不要降低标准。蔡元培因为北京大学而成为蔡元培，北京大学因为蔡元培而成为北京大学。

读书要有穿越的精神，司马懿曾经请教玄通子，谈读史之法，玄通子说了八个字：“设身处地，意境而入。”也就是每读一处时，你都要潜心沉思，设想自己当时处于书中境地，当如何周旋其间。他们此时应对之法有什么方面超过自己，又有什么方面不如自己，要前思后想，左顾右盼，所以他当时提出了：彼人彼时彼境彼事，此人此时此境此事。

因此我读这本书，也采取这种方式。首先要“走进去”，看看蔡元培先生是如何做校长的；然后要从书中“走出来”，就是如何去学习蔡元培；最后要求就更高了，自己该如何做校长。

在读书的时候，我有了一个基本体会，那就是找高感，找灵感，找通感，找敏感，找自感，做到读做合一，知行合一。我也写了一本书，叫作《教育的温度》，记录了我在南京两所学校教育的点滴故事，我会永远带着温度和故事行走在自己的教育实践当中。

最后我想说：教育，就是一个爱读书的校长带着一群爱读书的老师，陪着孩子们一起读书。希望每位校长都能丰富自己，影响他人，改变学校。不为不读找借口，只为多读挤时间。让我们一起读书，“彼此赋能，相互席卷，温暖裹挟，幸福成全”。

一路求索

【伴读书籍】《什么是最好的教育》

这本书带我们重新思考，你能给孩子哪些重要的东西？不是金钱、人脉、资源，而是最好的教育。父母的见识、才能，决定孩子到底能不能接受好的教育，这本书给家长提供了正确看待孩子教育的思考框架和路径。

全球知名教育家肯·罗宾逊在本书中从了解家长的角色、理解孩子的压力、理解学校的功能等10个维度为家长们提供了清晰的思考路径，可以让大家了解自己的孩子真正需要什么样的教育。同时，肯·罗宾逊还在书中阐述了明确的教育原则和实用的行动建议，能够帮助家长理清自己到底能做些什么、应该做些什么来确保孩子得到“最好的教育”，让他们过上丰盈、富足的生活。

【作者简介】〔英〕肯·罗宾逊

全球知名教育家，著名的人类潜能开发、人类创造力开发专家。与世界各政府、国际组织、世界500强公司、各教育系统、非营利组织以及世界文化组织有着广泛的合作。因具有杰出贡献被英国女王伊丽莎白二世封为爵士。著有《让思维自由》《让天赋自由》《让学校重生》《为孩子重塑教育》等书。

【译者、伴读嘉宾】钱志龙

南加州大学教育学博士，百年职校总督学，探月学院执行顾问，惠灵顿（中国）理事。曾任美国罗耀拉大学实践教授，美国半岛国际学校小学校长，怡海教育集团总裁，中国传媒大学培训学院国际部主任，青苗国际双语学校副总校长，培德书院总校长。现以独立学者的身份访学全球，致力于教育生态的研究和改良，希望通过教育创新推动教育公平。

主要著作有《校长日记：我在美国当校长》《图解中西方教育的异路与同归》《国际教育的门里门外》《鲑去来：我的美国留学往事》《玩出创造力》等。

【伴读荐语】

风趣幽默的钱志龙博士分享自己一路的求学经历，在此过程中，不断叩问自己的内心，抛出一系列令人深思的问题："进入北大就是最好的教育吗?""在顶尖大学获得教育学博士学位就是最好的教育吗?"钱博士一路求索什么才是最好的教育，他在一线的教育教学工作中，为当前学校教育不能着眼于学生的未来发展而感到惶恐。他用三年时间拜访了十几个国家的三百多所学校和创新机构，用自己丰富的工作经历尝试去全面了解教育。钱博士从未停下探寻的脚步，结合自身求索历程和《什么是最好的教育》一书中的内容，为有着同样教育困惑，却仍在一路探寻的我们指引前进的方向。

【伴读摘要】

一、我们日复一日地陪着孩子们学习、生活，已经忘记了踮起脚尖看一看，外面的世界到底变成了什么样？当我们埋头刷题的时候，这个世界以一个惊人的速度在快速发展着，而老师与校长这个群体往往是落后于这个发展速度的。我们需要重新审视未来的教育到底是什么样的。

数字技术正在颠覆许多传统的就业市场，创造了全新的岗位，我们几乎无法预测孩子们在未来的5年、10年或15年后会做什么样的工作。

二、我们面临着痛点与挑战：学生普遍厌学，没有独立思考能力，学校关系越来越紧张，孩子的天赋被埋没，提分占据了大部分时间。但是没有一个不爱学习的孩子，好奇心和吃喝拉撒一样是人的本能，他们不爱的绝对不是学习，他们不爱的是上学这件事情，是按照我们大人的意志去学。

如果你的孩子接受的教育很狭隘，那么他将来就很难发现自己的天赋和兴趣。而只有真正的天赋和兴趣，才能丰盈他现在的生活，并点亮他的未来。

三、针对管理者而言，一所好的学校应该具备以下六大要素：1. 是否提供广泛的平衡课程？2. 老师是否能因材施教？3. 是否采用开放的形成性评估？4. 是否提供了差异化的日程安排？5. 学校装饰和学生作品是否体现了活力？6. 是否有家长参与的社区意识？

形成性评估的优点是能让学生更高效地学习，让老师更高效地工作，及时地给予学生个性化的、非量化的、人性化的反馈，而非一个封闭、冰冷的总结性评估。我们鼓励、提倡总结经验，如何更好地采取两种不同的评估方式，得到更好的教学。

教育的质量取决于这些要素如何协同工作。如果评估系统只重视某些课程的话，那么仅有一个好的课程是不够的。如果教学质量不高，仅有良好的环境也是不够的。一所学校之所以伟大，是因为它拥有良好的平衡性和动态性，具体体现在课程有多丰富？老师对每个孩子的教学方法有多个性化？学校赋予教师的自由裁量权和创造力有多大？学校与家长和整个社区的关系如何？

四、针对教师而言，教育正在从工业向农业转变，优秀教师应该扮演哪些角色？时代开始变化，我们要正视我们已经不再是工业时代的时期了，我们已经是人工智能时代，这个社会所需要的能力已经发生了变化，这时学生的能力也出现了改变。此时老师该怎么做才能不被时代淘汰？教育是一件静待花开的事情，罗宾逊先生提出了教师应该具备的四种素质：我们要培养学生的自学能力，激发学生热情，给学生赋能，对学生满怀期待。

我们教学生知识是为了学生有一天在没有老师的情况下能够更好地学习，让学生停课不停学。看一位老师有多优秀，只要看他的学生有多优秀。我们在当老师的时候，要经常装傻，让孩子去探寻问题的答案，让他们时刻觉得自己很优秀，产生优越感和学习动力。从我们认识学生的第一天起就应该期待他能够超越你，这是我们老师的基本素养。

> 我认为教育和农业有相似之处。农民和园丁都知道，植物在某些条件下生长旺盛，而另一些条件下则不然。他们知道，他们无法让植物生长，因为他们不能安上树根，画出叶子来。植物要靠自己生长。园丁的作用是为实现这一目标提供最好的条件，教育也是如此。好老师知道自己不能替孩子学习，孩子们需要自己学习。老师的作用是为这一目标的实现创造最好的条件。

五、针对学生而言，持续压力会导致产生身心健康问题，如何帮助学生缓解压力？罗宾逊先生提到了培养学生的8C胜任力：curiosity好奇心、creativity创造力、criticism批判性、communication沟通、collaboration合作性、compassion同情心、composure沉着、citizenship公民性。

当下，在灾难发生、疫情发生的时候，我们有足够的信心去战胜所谓的挑战，不信谣不传谣，完美地解释了composure（沉着）这个词。

> 胜任力主要指把事情做好的能力。……这些能力与教育的四个目的都相关，并发展了三种认知方式。这些能力并不是学生在上学的不同阶段才出现的，而是从教育之初就开始不断发展，并始终要求学生以日益增长的自信和成熟来实践。

六、针对家长而言，怎样界定好自己作为父母的角色，父母最应该给孩子的是什么？罗宾逊把家长分为五种类型：专制型父母、权威型父母、宽容型父母、不参与型父母、直升机式父母。对于家长，他们有很多教育的选择给予孩子，罗宾逊先生提出了八种方式供家长参考，并且提到了利用好在线学习机会。虽是两年前写的书，但很适合现在的大数据教育时代。其实学生也有自己选择教育的权利，他们有自己的想法，罗宾逊先生也在书中为孩子提供了几种学习的方式。

> 不要假设你当年所接受的教育对孩子来说就是最好的选择，不要限制他们未来的发展。

七、整个教育系统迭代的时刻已经到来，这为教育带来了多种可能，线上资源唾手可得。学校不再是唯一的学习场所，在家上学变成现实。老师是终身学习者，不断掌握新的教学方法和工具。在当下，我们应该反思的是老师会被AI取代吗？那不想被AI淘汰的老师该如何提高呢？我们可以尝试跨学科统整项目制学习，翻转课堂，游戏化学习，表现式评估，教练素养，科技信息素养，写作和演讲，表演和即兴，审美和策展。

> 对我们来说，最明智的应对方法就是果断把那些重复性的、有规律可循的工作让给机器人去做，把我们有限的精力花在打磨那些唯有人类擅长的事情上：艺文方面的，情感层面的，精神领域的，需要创造性、审美力和慈悲心支撑的。

跟中国教育元典学习教育的大智慧

【伴读书籍】《学记》

随着国人对传统经典文化的重新审视，传统文化也在社会各个方面发挥着其不可估量的作用。而《学记》作为中国古代教育思想中的瑰宝，其中蕴藏着至今仍有生命力的教育理念，促使我们进一步认识到中华传统教育之精华是课程改革的宝贵教育资源，同时也引发我们对传统教育本来面目的再认识和再思考。

《学记》是《礼记》中的第十八篇，它总结和概括了先秦儒家的教育经验和理论，在人类历史上，第一次比较系统地阐述了一些重要的教育理论问题。它是中国教育史上最早，也是人类教育史上最早的极为重要的教育文献。《学记》篇幅虽短小，但内容颇丰，几乎包含了现代教学论的全部思想，它从教育功能、学校制度、学校管理以及教育原则、教学原则、教学方法、师生关系、教师成长乃至教育评价等方面都做了系统论述。

【作者简介】乐正克

约前300—前200，姓乐正，名克，战国时鲁国人，思孟学派的重要人物，战国时期一位很有影响力的人物，是深得孟轲信任的高才生。战国时期儒家分为八派，其中一派就是“乐正氏之儒”。

【伴读嘉宾】 俞正强

浙江金华师范附属小学校长，正高级教师，全国著名特级教师，北京师范大学教育家书院兼职研究员。中国“长三角”最具影响力校长、浙江省春蚕奖获得者。著有《低头找幸福》《种子课》等。

【伴读荐语】

“虽有佳肴，弗食，不知其旨也；虽有至道，弗学，不知其善也。”品读教育经典，必须结合自身不断地思考与实践，方能领悟其精髓。

为什么要读这本书？俞正强校长用一句话作为推荐语：“作为一个从事教学工作的人，应该熟稔于心。”在伴读中，俞校长带领大家逐句理解古文的意思，结合当下教育现状，深入浅出地解读《学记》。俞校长列举一个个贴近一线教育工作者的例子，通过一次次对《学记》内容层层递进的分析，逐步带领我们走进古人的大智慧，让我们对这本传统的教育经典赞叹不已。同时，对比当下教育，《学记》中的一些教育理念，引人深思，值得研究。

【伴读摘要】

一、随着国人对传统经典文化的重新审视，传统文化也在社会各个方面发挥着其不可估量的作用。而《学记》作为中国古代教育思想中的瑰宝，其中蕴藏着至今仍有生命力的教育理念，促使我们进一步认识到中华传统教育之精华是课程改革的宝贵教育资源，同时也引发我们对传统教育本来面目的再认识和再思考。

二、言人君建学之旨：化民成俗

发虑宪，求善良，足以谀闻，不足以动众；就贤体远，足以动众，未足以化民。君子如欲化民成俗，其必由学乎！

“君子如欲化民成俗，其必由学”，“学”是治国理政的必由门径。“君子”有广义和狭义之分。狭义“君子”是对古代统治者和贵族男子的通称，广义“君子”即有德者，意指人只有通过学习才能成为有德者，从而投身到以“化民成俗”为表征的治国理政实践中去，不论是广义还是狭义的君子，欲国治民安，则须“学”。《学记》首章从“谀闻”到“动众”再到“化民成俗”，实质是一个从“修己”到“安人”再到“安百姓”的过程，也是个体从修身养性走向参与国家治理的过程，该过程的每一次升跃都需要“学”，不论“发虑宪”“求善良”还是“就贤体远”，都是“学”之体现。

三、言为师之道，教者之事也

1. 终身学习

玉不琢，不成器；人不学，不知道。是故古之王者建国君民，教学为先。《兑命》曰：“念终始典于学。”其此之谓乎！

强调学的重要性，从个人到小家，再到大国。一个人只有不断去学习，才能成为王者—— 一个最好的人。一户人家想要兴旺，也要做到教学为先。一个国家想要富强，也要重视教学。

2. 教学相长

虽有佳肴，弗食不知其旨也；虽有至道，弗学不知其善也。是故学然后知不足，教然后知困。知不足然后能自反也，知困然后能自强也。故曰：教学相长也。《兑命》曰：“学学半。”其此之谓乎！

根据教学不同的主体来看，教者往往越是学习，学得的知识越多，越会觉得自己才疏学浅。在学习过程中有了这样的切身感受，才会越发努力地去学习。人往往是要用自己习得的知识去教别人的时候，才会发现原以为自己学会、学懂了的知识，实际上却没有真正学会、学懂，在教人过程中有了这样的切身感受，才能鞭策自己去更加努力地进修。所以说，教与学是相辅相成、相互促进的。

随着社会发展，在一定时代背景下的解读：教和学是教学过程中不可分割的辩证统一体的两个不同侧面，教离不开学，学亦离不开教。教师教的过程，也是学生学的过程；学生学的过程，也是教师教的过程。二者相辅相成，相互促进，相得益彰，共同提高。

3. 大学体系

> 古之教者，家有塾，党有庠，术有序，国有学。比年入学，中年考校。一年视离经辨志；三年视敬业乐群；五年视博习亲师；七年视论学取友，谓之小成。九年知类通达，强立而不反，谓之大成。夫然后足以化民易俗，近者说服而远者怀之，此大学之道也。《记》曰："蛾子时术之。"其此之谓乎！

明确学生什么时候学什么很重要，运用于现代教育就是每个年级要有明确的不同目标。从"离经辨志"到"强立而不反"的全过程，揭示了一条基本法则：德育和智育总是密切地联系着。首先是德育，在德育的前提下，实现德智结合。而此德育和智育中，还蕴藏着美育。

4. 教学原则

> 大学始教，皮弁祭菜，示敬道也。《宵雅》肄三，官其始也。入学鼓箧，孙其业也。夏楚二物，收其威也。未卜禘，不视学，游其志也。时观而弗语，存其心也。幼者听而弗问，学不躐等也。此七者，教之大伦也。《记》曰："凡学，官先事，士先志。"其此之谓乎！

这里告诉我们大学教育的七点要旨：（1）尊师重道。（2）学生吟诵《诗经・小雅》，学习如何当官从政。（3）学生重视课业，端正学习态度。（4）学生遵守规矩，维持校风校纪。（5）主管教育官员在规定时间视察学校。（6）教师不直接说出学生的问题，培养学生独立思考问题的能力。（7）考虑到年纪小的学生接受能力尚弱，只旁听，不必发问。反观今天的教育，仍对我们有启发作用。

5. 藏息相辅

"藏息相辅"即课内与课外、劳与逸相结合的原则。课内是在规定的时间内传授所谓正课，就是“时教必有正业”；课外是在正课以外的休息时间进行课外作业和游戏活动，即“退息必有居学”。正课学的是“弦”“诗”“礼”，课外修的是“操缦”“博依”“杂服”。课内课外相辅相成，课外可以帮助课内，课外既是课内的准备又是课内的延伸。“不兴其艺，不能乐学。”如果不在课外杂弄乐器，练习手指，仅靠课内来学习琴瑟，就很难学好；如果不在课外唱歌，练练嗓子，课内的“诗”就不容易学好；如果不在课外经常练习洒扫、应对、进退之礼节，课内的“礼”也是空话。“藏息相辅”教学原则既强调学生劳逸结合，又不忽视学习的主动性和实践性。

6. 教不成之缘由

教育、教学要做到恰如其分，教学不仅有多与少的问题，还有快与慢的问题。慢吞吞，前松后紧，完成不了教学进度。要重视教学过程的节奏和谐，抑扬顿挫。《学记》这一章主要是批判注入式教学方法。注入式的缺陷，在于不重视教学节奏，不从学生实际出发，包括生理、心理与学习的承受能力，如《学记》所说“不顾”学生之“安”，“不由”学生之“诚”和“不尽”学生之“材”。其所引起的不良效应，首先表现在学生“隐其学而疾其师，苦其难而不知其益”。对教师来说，尽管主观上想把学生教好，却是白费了精力。

7. 教育四兴

> 大学之法：禁于未发之谓豫；当其可之谓时；不陵节而施之谓孙；相观而善之谓摩。此四者，教之所由兴也。

这里揭示的是教师在教育、教学过程中的主导作用，但并不意味着学生是完全被动的地位。学生在学习过程中要自觉主动，积极参与教学的全过程。

在教学中，我们若能将“豫时孙摩”四者有机地联系起来，灵活地加以运用，对避免今天在教学中存在的那些在课前准备不足；备课只顾教材，不注重学生；不能抓住学生的心理及时施教；不能根据学生的基础，循序渐进地进行教学；不能正确地引导同学之间、师友之间的相互研讨等现象，都有借鉴、指导作用。

8. 教育六废

> 发然后禁，则扞格而不胜；时过然后学，则勤苦而难成；杂施而不孙，则坏乱而不修；独学而无友，则孤陋而寡闻；燕朋逆其师，燕辟废其学。此六者，教之所由废也。

教育四兴、教育六废，从正反两方面揭示教之所由兴和教之所由废，既要总结成功经验，又要吸取失败教训。“教”之所由兴废，必相应反映于“学”之所由兴废，反之亦然，表明教师和学生都要体现、发挥各自的责任感和主观能动性。

9. 长善救失

> 学者有四失，教者必知之。人之学也，或失则多，或失则寡，或失则易，或失则止。此四者，心之莫同也。知其心，然后能救其失也。教也者，长善而救其失者也。

《学记》的这段话指出了学生学习中存在的四种缺点，揭示了学生能否树立正确的学习态度，是教学能否成功的关键。在教育过程中，教师要坚持正面教育，重视因材施教，善于因势利导，利用积极因素，克服消极因素，将学生缺点转化为优点。教师应深入了解学生的知识、学习能力、兴趣爱好，了解学生的思想方法和学习方法，根据学生实际确立教学目标。同时，在教育教学过程中，要充分挖掘学生潜能，长善救失，扬长补短，化消极因素为积极因素，形成师生之间相互信赖与激励的良好氛围，促进学生身心发展水平的不断提高。

10. 善继人志

> 善歌者，使人继其声；善教者，使人继其志。其言也，约而达，微而臧，罕譬而喻，可谓继志矣。

《学记》的“约而达，微而臧，罕譬而喻”，就是为体现语言的直观性，借以增进学生对“道”的实质的了解，也为了培养学生的想象力，坚定学者为学做人的志趣。

语言直观体现于教师的生动讲解，似乎只能造成学生的听觉效应。但是如果能把这种语言直观原则与方法发挥得淋漓尽致，伴以教师面部表情和手势等，把讲述内容形象化，绘声绘色，它也能产生视觉效应。两种效应双管齐下，将更有利于提高传“道”的教育效能，唤起学生的想象和思考，把有关“道”的知识、思想和行为从感性接受引入理性掌握。

四、师道之大而言择师之当慎

教师懂得了为师之道，即政治和道德修养有难易，教育、教学方法有优劣，就能多方诱导学生；只有善于多方诱导学生的人，才能充当教师；能充当教师，就能充当一地之长；能充当一地之长，就能充当一国之君。这说明了，教师本身也在学习和教人如何统治人民，管理国家。所以选择教师不可不慎重。

五、言亲师为学之道，学者之事也

《学记》是我国历史上第一个从政治和学术文化发展、教师任务及其社会地位与作用诸角度，比较全面地揭示教师为什么要受尊敬和如何尊敬。不仅学生要尊敬，统治者要尊敬，更把尊师作为全社会的政治道德规范和优良历史文化传统，来教育世世代代的人们。

总之，《学记》作为教育学经典，其中给予的教育、教学的启示是多方面的，需要我们结合一线的教育教学工作，更深入地研读、挖掘，体会其对现代教育重要的价值意义。

研读主报告　洞见新教育

【伴读书籍】《新教育年度主报告（2014—2018）》

这是一个教育变革的时代。一个人如果对教育变革满怀激情，就有了能让一个孩子、一个班级、一个年级甚至一所学校发生改变的可能。

朱永新教授发起了一项新教育实验，什么是新教育？如何实践新教育？如何创新新教育？《新教育年度主报告（2014—2018）》给出了明确的答案。从2006年至2019年，新教育实验团队都在新教育人的盛大庆典——新教育年会上发布一个主报告。每篇主报告均是新教育围绕一个重大教育问题进行的系统思考，是指导新教育的重要理论依据和实践方向。而这一实验成果也注定要写进中国教育的基因修复工程。

【作者简介】朱永新

第十三届全国政协常委、副秘书长，民进中央副主席，新教育实验发起人，教授，博士生导师，中国教育学会理事会学术委员会顾问。被评为“中国十大教育英才”、改革开放30年“中国教育风云人物”、“中华十大财智人物”、中央电视台“感动中国”候选人、“全民阅读形象代言人”、“为了公共利益”年度人物等。

著有《朱永新教育作品》（十六卷）等著作，被译为英、日、韩、阿拉伯等多国文字。

【伴读嘉宾】林忠玲

新教育研究中心副主任，新教育学校管理研究所副所长，2018年新教育年度人物提名奖获得者，2019年获评新教育年度人物，2019年“阅读改变中国”年度点灯人。近年来，牵头负责所在区域新教育实验，在营造书香校园、建设理想课堂、研发卓越课程等项目上积累了丰富的经验，先后近百次应邀至新教育实验区、校做经验分享。

【伴读荐语】

林忠玲以《研读主报告　洞见新教育》为题，结合自己的教育经历，用自己在教学中的实践与思考来解读什么是新教育。在他的伴读中，“执着追求的理想主义，深入现场的田野意识，共同生活的合作精神，悲天悯人的公益情怀”是我们每一位教师需要具备的“四种精神”。教育就是生活，教育同时是一种特殊的生活方式。教育生活应该是幸福的，而不是痛苦的；教育生活在追求幸福的同时还应该强调完整。我们要什么，带给孩子什么，想要什么样的改变？只有行动起来才会有收获，只要上路，就一定有远方，只有坚持才有奇迹。

【伴读摘要】

一、新教育概况

《盗火者》的纪录片编者邓康延说过“教育是一项很美很温暖的大业”。华严集团董事长徐峰作为一名企业家，站在局外人的角度，在参加新教育年会之后，写下这样一段话：“如果让我给新教育的社会功能做一个定位，我认为，新教育是在给一个病人——中国教育，做一次准确的基因修复。大家从事的，是一项注定要走进历史的、伟大的、关系中国教育成败的基因修复工程。”他们两人的话，使我们从感性的层面看出了新教育大致的模样。

新教育是什么？是发起人朱永新先生一个人的书斋梦想，他带着一群人开展教育拯救行动，成了一股影响中国教育的改革潮流。如果给新教育下个定义，新教育就是一项民间的草根的教育实验，它以教师的专业发展为起点，以十大行动作为路径，倡导过一种幸福完整的教育生活。

新教育有着四种精神：执着追求的理想主义；深入现场的田野意识；共同生活的合作精神；悲天悯人的公益情怀。

二、主报告特点

新教育怎么做？牵手新教育的入口在哪里？怎样让新教育在学校落地？我一个人可以做新教育吗？……在《新教育年度主报告》中，我们可以找到答案。该报告已经汇编出版成了两本书，分别是2006年至2013年的主报告，由湖北教育出版社出版；2014年至2018年，由山西教育出版社出版。这两本主报告的汇编，是每个立志想做新教育的人认识新教育的窗口，实践新教育的指南。

主报告是汇聚集体智慧的一锅“石头汤”。为什么这么说呢？为了研制每一年度的主报告，新教育人付出了艰难的努力。朱永新先生为了把主报告的话题更加贴近我们基层的教育改革现场，他每年多次去新教育实验区现场考察，与老师们碰撞思维的火花；诸多造诣深厚的专家参与撰写主报告。为了使新教育年度主报告更加贴近国际教育改革实际，新教育每年举行国际论坛邀请国外专家与国内学者对话；每年在海门举办相关主题开放周，汇聚一线实践经验。

新教育主报告有这么几个特点：第一，对重大主题深度系统性思考。第二，为解决真实教育问题开药方。第三，新教育主报告诗意化的表达风格。

三、报告主题分析

2006年至2019年14份年度主报告是14个教育主题的深度关注，14个新教育的解决方案，14盏照亮教育现实与未来的灯，14座联结有梦想教育人的桥。

2006年北京清华，新教育实验全国第六届研讨会的主题：过一种幸福完整的教育生活。第一，教育就是生活。第二，教育同时是一种特殊的生活方式。第三，教育生活应该是幸福的，而不是痛苦的。第四，教育生活在追求幸福的同时还应该强调完整。在这一份年度主报告中，新教育亮出了新教育的未来——努力成为中国素质教育的一面旗帜，全力打造植根于本土的新教育学派。明确了新教育六大行动：营造书香校园、师生共写随笔、聆听窗外声音、培养卓越口才、构筑理想课堂、建设数码社区。后又加进四大行动：推进每月一事、缔造完美教室、研发卓越课程、家校合作共建。一直完善到今天，新教育形成了十大行动。

2007年山西运城，新教育实验第七届研讨会主题：共读共写共同生活。这个主题的推出，呼应的是过一种幸福完整的教育生活。怎样的教育生活才是幸福完整的呢？新教育人认为共读可以完成幸福完整的教育生活，提出要恢复师生之间、亲子之间的共读传统，到目前为止新教育已完成了十大书系的建设。新教育人还认为要共写，倡导真正意义上的写作，将写作与生活联为一体，师生、亲子之间相互书写。只有共读共写，我们才能形成共同生活。

2008年浙江苍南，新教育实验第八届研讨会主题：知识、生活、生命的深刻共鸣。呼应新教育建设理想课堂的信念。在学校这个场域中，课堂无疑处于核心地位。课堂变，教师才变；教师变，学校才变；学校变，教育才变。如何改革课堂教学？第一要坚守教育常识，第二要坚守儿童立场，第三要坚守学习的本质。理想课堂的建设，应当从“教堂”走向“学堂”，课堂上教师的角色应该是学习活动设计者、学习资源提供者、学生发言倾听者和学习进程推进者。

2009年江苏海门，新教育实验第九届研讨会主题：书写教师的生命传奇。新教育的教师成长理论有：职业认同，内在动力机制——理想、激情、追求；专业发展，技术支持——知识、智力、技能。

2010年河北石家庄，新教育实验第十届研讨会主题：文化，为校园立魂。

2011年鄂尔多斯，新教育实验第十一届研讨会主题：以人弘道——活出中国文化的根本精神。连续两年两个主报告讲“文化”话题，因为唯有文化才能照亮孩子的未来，因此要用文化的视野观照教育，用教育的视角反思文化，用教育与文化的眼光打量我们自己。

2012年山东临淄，新教育实验第十二届研讨会主题：缔造完美教室。教室的品质决定学校的品质，决定新教育实验的成就与品质，因此守住一间教室能让我们的教育更有品质。怎样的教室是完美教室？班级文化、课程、仪式与庆典、家校共同体、卓越教师等，所有这一切都要在一间教室里面，与这间教室相关的所有生命一起过一种幸福完整的教育生活。

2013年浙江萧山，新教育实验第十三届研讨会主题：研发卓越课程。新教育的课程观：课程即生活，课程即环境，课程即机会。每个老师要有这样的胆量：我就是课程！教师蓬勃的生命状态和丰富的生命力量是最重要的教育资源。同时作为教师，我们都是课程的建设者。

2014年江苏苏州，新教育实验第十四届研讨会主题：艺术教育，成人之美。没有艺术的教育，是不完整的，不幸福的。只有成功的艺术教育，一个人才可能幸福完整。这次的主报告是我迄今为止看到的最具有含金量的主报告。

2015年四川金堂，新教育实验第十五届研讨会主题：拓展生命的长宽高。如果不能涵养生命，还要教育干什么？因此在这次年会主报告中，新教育认为要立足于生命的三重境界的建构：自然生命，决定了生命的长度；社会生命，决定了生命的宽度；精神生命，决定了生命的高度。只有长度、宽度、高度都合理地生长，一个人才是一个真正能够站立起来、能够真正为自己安身立命的生命体。

2016年山东诸城，新教育实验第十六届研讨会主题：习惯养成第二天性。好的教育应当教给孩子一生有用的东西，习惯是比知识技能更为根本、更为隐形、更能决定命运的一种关键力量。新教育对怎么培养孩子好的习惯也有了自己的一套构想，根据人的习惯21天成长规律，推出了每月一事。习惯可以被我们改写，我们的人生又被习惯改写。

2017年江苏栖霞，新教育实验第十七届研讨会主题：家校合作激活教育磁场。你不麻烦家长，家长就给你找麻烦。如何给家长找麻烦？新教育有自己的思考，比如：家校叙事、新父母课堂（学校）、父母志愿者、家校合作委员会、共读共写共赏……我觉得家校合作共鸣，一个最重要的理念就是要想方设法把新父母们卷入到学校的各种事件中来。

2018年四川成都，新教育实验第十八届研讨会主题：科学之光照亮求真之路。在当下，科学所向披靡，一手缔造了工业时代的辉煌，正在把人类推向人工智能时代。科学在给人类带来幸福的同时，也给人类带来了恐惧。怎么去进行高效的、能够符合教育理想的科学教育？新教育进行了思考，提出了科学与人文，更有温度；动手与动脑，更有力度；校内与校外，更有长度；分科与融合，更有深度；传统与现代，更有高度；全体与个体，更有广度。新教育还提出了科学教育的实施路径：做中学，读中悟，写中思。提出了科学教育要探索基于解决真实情景中问题的项目式学习。

2019年江苏姜堰，新教育实验第十九届研讨会主题：人文之火温暖幸福家园。科学技术给人类生活带来了物质生活的改善，但是幸福并未水涨船高，所以新教育把眼光转向了人文教育。

四、阅读实践建议

新教育崇尚的是“行动哲学”，只有做起来才精彩。只要行动就有收获，只要上路就一定有远方，只有坚持才有奇迹。这是一个教育变革的时代。一个人如果对教育变革满怀激情，就能让一个孩子、一个班级、一个年级甚至一所学校发生改变。为真教育落地，我们身负重塑教育的使命，是时候去做好我们自己的分内之事了。此时不做，更待何时！

你对世界的理解正在阻碍你对世界的进一步理解

【伴读书籍】《反常识》

常识思维引导人们去发现常识性的事物，它们组成的世界按常识就能理解。真正的未知世界恰好是常识思维尚未能引导人们去发现的复杂世界，需要以“反常识思维”去探索。

邓肯·J.瓦茨在《反常识》这本书中通过各种例子阐明，很多矛盾都源于常识思维。人们用常识解释个体行为、集体行为、意见领袖影响力、历史事件等方面时常常错误百出，我们应当学会用反常识思维认识并应对这个复杂的世界，跳出常识陷阱，优化工作与生活。必须强化三个意识：首先，常识让你先预测，但你应该快速反应；其次，常识让你先规划，但你应该不断试错；最后，常识让你追求结果，但你应该系统思考。

【作者简介】〔澳大利亚〕邓肯·J.瓦茨

1971年出生。小世界网络之父，网络科学奠基人之一。雅虎研究院和微软研究院首席科学家。哥伦比亚大学教授，影响全世界的康奈尔大学“A.D.怀特博文讲座教授”。宾夕法尼亚大学工程学院、传播学院和沃顿商学院教授，研究横跨工程学、商学及社会科学三大领域。先后出版了影响世界网络科学的三部普及作品——《小小世界》(*Small Worlds*)、《六度分隔》(*Six De-*

grees)、《反常识》(*Everything Is Obvious*)。

【伴读嘉宾】苏州半书房三人行

张安仁，苏州半书房学术总主持、课程部主任，安仁少儿哲学工作室创办人，北京阅伴教育科技教研总监，国内多所学校特聘少儿哲学课程教师。从事中小学阅读教学及少儿哲学启蒙教育十多年，擅长哲学与中小学各学科的融合课程的研创与教学。

刘猛，江苏理工学院教授，教育社会学博士。出版《意识形态与中国教育学》《教育之内与教育之外》等著作，曾获江苏省教育科学理论创新二等奖。2017年《文学自由谈》封面人物。近年来对校长、教师的阅读推广与书目研发进行了比较深入的研究。

邱华国（一丘），新教育学校管理研究所执行所长，北师大教育家书院兼职研究员，苏州半书房主要发起人。著有《学校变革关键词》《校长责任：领导学校课程教学》等。近年主要从事在信息化背景下的学校系统重构，并积极推进校长、师生的“大阅读”。

【伴读荐语】

你是否认为请社会名人做广告的效果胜于普通人？你是否认为专家对未来事件的预测比外行人可靠？你是否认为加薪能提高员工的绩效？你是否认为从历史中学到的经验可以预测未来？你是否认为《蒙娜丽莎》之所以出名，是因为它具有成为《蒙娜丽莎》的所有特性？……如果你认为这些都是显而易见的常识问题，那么，你可能掉进了常识思维的陷阱。

安仁老师以《常识的历史》为题，从哲学的角度追问下面一系列问题：什么是常识？常识是如何产生的？上上次和上次反常识是什么时候？常识为何要反？如何反？反了之后怎么办？……在追问中思考《反常识》这本书所带给我们的启迪。

刘猛博士受本书封底的一句话“如果你同意这本书的所有观点，你根本没看懂这本书”激发，以《阅读〈反常识〉与反常识阅读》为题，从单一性阅读与对照性阅读、吸收性阅读与对话性阅读、求证性阅读与颠覆性阅读等三个具有张力的维度，带大家一同批判性思考这本书的主旨。

一丘校长以《教育中的“返常识”》为题，结合自己三年前发起“校长初拾越读会”及这次“云伴读”策划与运作过程等方面的实际经验，用“从反常识到‘返’常识，再到超越常识”的心路历程来解读《反常识》。

【伴读摘要】

一、世上少有完美的翻译，阅读有对照，才能理解更准确。另一版本的翻译是“一切显而易见”，但“反常识”更有冲击力。好的阅读，是多文本互照下的原义重现，是自我独有经验的重新唤醒，是毋庸回避痛苦的艰难征程。

本书关键词及主旨：熟知非真知，真知即灼见。可以将本书概括为四句话：“事后一片诸葛亮，预测罕见开普勒，社科研究破困境，迭代思考反常识。”

什么是常识？常识是如何产生的？常识为何要反？如何反？反了之后怎么办？……这就是《反常识》要回答的。

二、不论是理念还是理性，都是对自然的一种抽象，企图化复杂为简单，即把复杂性和不确定性降低到我们有限的大脑可以把握、理解、描述和计算的程度。

由于我们总是在事情发生之后才去解释，所以我们的解释往往过于强调实际发生的事情，而很少关注那些可能发生却没有发生的事情。

> 一切并非显而易见。社会远比物理世界复杂，我们越是了解它，它就越是复杂。这导致了我们可能永远无法拥有像物理学那样精确、普适的社会学规律。……因此，如果我们不再纠结于寻找社会科学中的一般规律，而是把关注点放在解决实际问题上，或许更有可能取得进展。

三、常识的矛盾在于，它既能帮助我们理解世界，也会削弱我们的理解能力。人类认识能力的有限性，源于认识层次的局限：只能认识现象——无法认识本质；计算能力的局限：只能思考少量——无法计算海量；生命长度的局限，时间有限，苍天不会再让你活五百年。

而世界是混沌、复杂的系统，不确定，无法预测，这是“新常识”。正所谓“人生本是如此：一切看似显而易见却又并非显而易见”。

> 书中引用了大量的研究数据和事件，向人们展示使常识“失灵”的几个主要维度，即在我们看来成立，在别人看来不成立；在个人层面成立，在集体层面不成立；在此处成立，在别处不成立；在今天成立，明天不成立的常识。我们对于常识的误解往往源于上述的一个或多个方面。

常识与正规的知识区别：

> 第一，正规的知识体系以理论为基础，而常识不同，它以实践为基础，这就意味着常识更关心问题的答案而不是求解的过程。
>
> 第二，正规知识的力量在于，将特定的发现组织成由一般原则描述的逻辑分类的能力，而常识则在于以自己的方式处理具体情况的能力。

四、绩效工资制度，在企业乃至我国的学校体系中较普遍使用。大家普遍认为适当运用经济奖励显然可以提高员工的业绩，这对许多教育管理者来说是“常识”。始于2009年的中小学绩效工资制度，十多年来总体来看没有起到预期的效果。

事实上，很多研究发现，工资激励的方式实际上会削弱员工的业绩。首先，当工作涉及多方面或者很难衡量时，员工往往只会关注工作中易于衡量的方面，因而忽略了其他重要部分。比如，老师会重视那些可能在考试中考到的内容，而忽略了整体学习。其次，当受奖励的心理压力抵消了努力工作的意愿时，工资激励也会产生“抑制”作用。最后，在个人贡献很难与团队的整体贡献区分开来的情况下，工资激励会导致员工依仗别人的努力，或者避免承担风险，从而阻碍创新。通过这些相互矛盾、令人费解的发现，我们得知，尽管大家都认为人们会以某种方式对经济激励做出反应，但对于如何在实践中应用激励措施来获得预期效果，目前还不清楚。一些管理学者经过几十年的研究后甚至发现，经济激励和员工表现在很大程度上是无关的。

五、在过去与未来之间有一条河。河里的倒影是一棵树，这棵树就是未来，但是这个倒影并不就是这棵树，而是它的倒影。当我们看到这个倒影的时候，能不能认出它是一棵树呢？不一定。当我们渡过这条河，就到达了未来。这条河有几千里宽。但这是时间之河，所以不能用距离计量，“几千里”只是打个比方，说明从过去到达未来需要很长的时间。

但是我们不能像看图中岸上的那棵真正的树一样，清楚地看到未来。我们看到的只是对未来的预测。

当我们考虑未来时，总会把它想象成一条未知的独特事件链。而在现实中，这条事件链其实并不是单独存在的。未来更像是一堆可能发生的事件链的集合，每条链都有一个发生概率，我们能做到的就是估计不同事件链发生的概率。

不确定的未来：只能预测概率，而非准确性。

只有当我们承认自己预测未来的能力并不可靠时，我们才能开启一扇探索未来的大门。

六、人与世界是混沌的，理性只是工具，需要发展并发挥各自心智。

过去我们会认为是在颠覆常识，其实只是常识发展演化的迭代过程，也就是说，当我们现在的“反常识”成为“常识”以后，未来还会出现反“反常识”的“反常识”。

正常时期要关注反常（识）现象，反常时期要学会回归常识。不谙常识，无法生存；不反常识，无法创新。

七、如何培养反常识思维呢？培养反常识思维就要少依赖常识，多依赖客观的、多维的、可量化的东西。反常识思维是社会科学研究的关键，是解决复杂世界问题的利器。从个人层面来看，学习反常识思维可以改变大众看待问题的方式，克服常识的思维惯性，促使人们从另一个方面去思考问题，并帮助他们接近事实的真相。

基本可以肯定的是，社会学家和其他社会科学家感兴趣的一些问题是永远不可能被精确地量化的……准确的因果关系可能永远让人捉摸不透……（但）正如望远镜的发明彻底改变了天文学研究一样，通过测量不可量化之物，手机、网络、互联网通信等方面的技术变革也有可能彻底改变我们对自身的理解以及我们交流的方式。

如何成为一个有勇气的教师

【伴读书籍】《教学勇气——漫步教师心灵》

这本书建立在一个最普通的信念之上：优秀教学不能被降格为技术，优秀教学源自教师的自身认同和自身完善。在《教学勇气——漫步教师心灵》中，帕克·帕尔默带领教师为重新点燃对人类最困难最重要的教育事业的热情，进行了一次心灵之旅。

教师为着心灵的自由选择他们的职业，深爱着自己的学生和课程，但是教学要求常常使得很多教师感到激情消退、心灵失落。我们可以再一次鼓起教学勇气，像优秀教师那样把心灵献给学生吗?

帕尔默引导教师们进行了一次精神之旅，帮助我们建立了对教学的共同认识。他也号召有关的教育机构在这方面支持教师。教育是带领孩子们进行一次心灵之旅的过程。在这个过程中，孩子们学会用更真实的方式来看世界，在这个世界中生存。

帕尔默的书总是使人激动、令人感动。这是一本具有开创性的对教师生涯进行探索的书。教师和教师相关的人，以及任何关心教育的人都应该读这本书。

【作者简介】〔美〕帕克·帕尔默

加州大学伯克利分校博士，美国高等教育协会高级理事。一位备受尊敬的作家和教育专家，被誉为教师的心灵导师。著有《教学勇气——漫步教师心灵

心灵》《以我们熟知的方式认知》《悖论的承诺》等。

【伴读嘉宾】李勇

问对教育智库理事长，新教育第一线教育研究中心主任，原成都市同辉国际学校校长，中学高级教师，青羊区特级教师、功勋教师，成都市语文学科带头人，四川省优秀教育工作者，曾获全国阅读教学大赛一等奖、全国首届LIFE教育创新案例奖。

【伴读荐语】

李校长用问答的方式分享了书中每个章节的核心内涵。什么样的教师适合读这本书？是那些热爱学生、热爱教学生涯并不断有困惑涌出的教师。教师的困惑来自哪里？学科内容、学生生命、自我认识。李校长结合诗歌《未选之路》和《庄子》告诉我们追求自身的认同和完整。每一个人都拥有变革的力量，相信自己，叩响希望的大门，拥有更多的勇气，迎接心灵与知识带给我们的全新力量。

【伴读摘要】

一、选择这本书作为共读书，是因为它不同于一般意义上的理论书籍，不同于市面上流行的经验书籍，不同于鲜明个性的叙事书籍，不同于学科特色性的专业书籍，这是一本走心并且用心的书籍。

> 教师的教学勇气来自哪里？来自读大量的书。

什么样的教师适合读这本书？作为教师，您了解自己的职业困惑吗？为什么教师关于自我的知识是最为根本的？……这就是《教学勇气》要回答的。

> 这本书适合这些教师：他们体验过快乐和痛苦的时日，而且其痛苦

时日承受的煎熬仅仅源自其所爱；本书适合这些教师：他们不愿意把自己的心肠变硬，因为他们热爱学生、热爱学习、热爱教学生涯。

二、真正好的教学不能低到技术层面，真正好的教学来自教师的自身认同与自身完整。教师要有勇气保持心灵的开发，即使力不从心仍然能够坚持，那样教师、学生、学科才能被编织到学习和生活所需要的共同体结构中。

真正重要的事物，用肉眼是看不见的，只有用心，才能看得清楚，《教学勇气》是一本走心的书。

在我所教的每一堂课里，我与学生建立联系、进而引导学生与学科建立联系的能力，较少依赖于我所采用的方法，而更多依赖于我了解和相信我自己、并愿意使其在教学中运用且敏于接受其影响的程度。

三、我们常常处在分离的状态中，就像毕加索立体主义画派，他处在一个世界分崩离析的现实中，画面投射的是他内里的一种分离状态。

在教学中，我们的恐惧来自学校、领导、教学以及自己的无知。隔离会带来恐惧，我们要面对恐惧，走出分离。恐惧无处不在，它存在于我们的文化中、存在于我们的制度中、存在于我们的学生中、存在于我们自身，它把我们与一切阻隔开。我们不要置身于恐惧之中，而是要超越恐惧。

如果想发展和加深对优秀教学起关键作用的联结能力，我们必须先看透这种不合常理但又强势的“分离”生活，并抵制之。

四、是什么破坏了我们的整体观念呢？是二元逻辑破坏了我们的整体观念。非此即彼的思维方式在科技领域赋予我们力量，但也给我们一个支离破碎的现实观，摧毁了生活的完整和奇妙。伟大的教育家在现实中看到了危机，看到了科技飞速发展时，人又在哪里？我们在看待一些生活中的事例时常常会站队，会陷入非此即彼的思维方式。一个好的教师，是帮助学生发现矛盾点的人。

我们要做到对立统一，当一个人是健康的、完整的，他的头脑和心灵就是一个整体，而不是非此即彼，互相分离，在教学中尊重这种对立的统一可能促使我们更加完整。人类的本性就适合建立关系。

运用对立统一的观念来设计教学空间，应该既有界限又是开放的；既令人愉快又有紧张的气氛；既鼓励个人表达意见，也欢迎团体的意见；既尊重学生琐碎的小故事，也重视关乎传统与原则的大故事；支持独处，并用集体智慧做充分的支撑；沉默与争论并存。

沉默非常重要，要恰当运用沉默的力量，学生在沉默中进一步思考，孕育着巨大的力量。

> 相比由非此即彼的思考方式所塑造的简单——一种造成毁灭性迟钝的简单，世界要更复杂和更易混淆。当我们整体地思考世界，我们在世界中开拓了生命力，也在我们的学生和自己身上开拓了生命力。

五、我们应该建构以真理为中心的认知。真理是怀着激情和原则就重要事物进行的永恒对话。我们的课堂是围绕真理展开的，真理不是现成的结论，常常在对话中向我们敞开。课堂如果采用单向教学，那真理的门就关上了。

我们的认知需要具有神圣性。孔子说过：“敬鬼神而远之。”对于一个形而上的世界，我们常常保持着一个悬置的态度，未知生焉知死，所以我们更倾向于技术层面的理解。而书中不断加入我们的视角，从教育技巧方面跳出来，站在更高的层面来看待我们的生命。神圣就是“值得敬重”，在充满不敬的文化中，教育遭受的命运最可悲——教育变得平庸了。作为教师我们一定要有敬畏心，敬畏生命，敬畏职业。

> 共同体形式的核心：教学就是要开创一个实践真正的共同体的空间。

六、我们目前存在的两种常见教学模式：以教师为中心的教学模式，以知识传授为中心；以学生为中心的教学模式，鼓励学生彼此之间的互相学习。帕尔默认为我们应该把以教师为中心和以学生为中心教育的最优特质进行融合和超验升华，更多地关注探讨的主体是否有价值。运用教学空间和技术手段让以主题为中心的教学模式成为可能。

> 如果我们要把课堂作为真正的共同体，一个让我们彼此坦诚相对的共同体，我们必须在教学的核心范围内加入一件伟大事物，也就是第三事物。

七、成长的秘诀是学习与反思。向同辈学习，要主动邀请同事进入自己的课堂。

如何构建基于共同体的切磋？要建立对话的基本规则。

> 我一直应用在教师身上的教友派信徒机制的名字叫作“明确委员会”。

八、心怀希望的教学：体制是千千万万的我们组成的，每个人都拥有变革的力量。一个班级的老师有担当，那个班级的学生就会受益。帕尔默希望我们过一种不可分离的、完整的生活。

罗莎·帕克斯的选择是拒绝在一辆实行种族隔离政策的公交车上给一位白人让座，她唯一的疲惫是对屈服感到了厌倦。教育教学中需要让我们的内在心灵完整起来，让我们有变革自身、变革教育的勇气。

一代又一代学生的生活被那些具有教学勇气的教师所改变。这种教学勇气是从真我与世界的景观中最真实的地方开始的，是引导学生在自己的生活中去发现、去探索、去栖身于此的勇气。

> 变革运动的起点，尽管几乎是无声无息的，仍然可以被大致精细地描述出来。一些孤独个体受到需要变革的环境的困扰，决定“不再分离”地生活时，变革运动便发生了。

回归常识的教与学

【伴读书籍】《教学七律》

《教学七律》是一本经典教育名作，于1884年首次出版，此后被用作教师培训教科书，也被学校老师当作工具书。在各种教学模式此起彼伏的当下，研读格里高利的这本小册子，有助于我们清醒地认识教学原本没有那么复杂。

本书正文共102页，尽管书薄，但书中提炼出来的教学七律，把课堂教学的每一个要素都阐述得深刻而明了。作者详细考察教学中的关键环节，总结出简明精准的七大教学定律，每一个条目虽然简单，但是每一个字都渗透着作者对教育规律的理解。其独到的真知灼见，让众多教师和学子受益。

【作者简介】〔美〕约翰·格里高利

著名教育家，古典人文教育倡导者。伊利诺斯大学第一任校长，本书是他的经典知名作品。

【伴读嘉宾】卫功立

贵州省文史馆特约研究员，中国教育报2019年度推动读书十大人物，贵州省基础教育督导评估专家，贵州省作家协会会员，贵州师范大学国培计划专家库成员，贵阳市云岩区教育局教育发展科科长。

【伴读荐语】

卫功立老师以《回归常识的教与学》为题，在自我阅读思考的基础上，用归纳总结的方式与我们分享了这本书，他将这本书的七大定律归纳为七个词语：模范、兴趣、共同语言、链接、自主、再生、完善，并进行了逐一解读。在伴读中，卫老师不仅分享了自己的读书心得，还分享了读书方法。

如何回归常识的教学，让教师有示范性，让学生有生长性，让学习有章可循？也许就是格里高利所要留给教育的主张和思考。让我们跟随卫老师，走进《教学七律》，去一探究竟吧！

【伴读摘要】

一、我们不缺理论、不缺流派、不缺专家，但是缺理智、常识和冷静。我们努力改革的方向，恰恰是需要回归。

这本书让我们能够简单明了地明白这些东西。

二、教师定律：模范

示范和模仿，加起来就是最初的教育。在教师定律中最重要的就是示范性。

“三个不相信”：“一是不相信一个写字如鸡脚叉一般的语文老师能教好写字；二是不相信一个不喜欢读书的语文老师能教好阅读；三是不相信一个不动笔写文章的语文老师能教好作文。”

> 如果可以达到人们对于这一职业的普遍要求的话，那么教师将是一个模范的男人或女人：他的举止无可挑剔，他的道德毫无瑕疵，他智慧过人，判断公正，充满爱心，意志坚定，工作起来不知疲倦，本着良心

> 说话做事，学习上显出天分，像天使一样仁慈。……那么，教师定律——限定和描述教师的规律——就是：教师必须熟知他要教的内容。

三、学习者定律：兴趣

没有兴趣就没有学习，这是任何一个熟悉教育教学的人都认同的说法。

所有学习源于好奇心，没有好奇心就不可能有学习。当一个孩子的好奇心持久到一段时间会变为兴趣。当兴趣持久以后会变为习惯，当习惯坚持好后会变成人的生活方式。

培养好孩子的兴趣，从呵护好奇心开始。

> 学习者必须怀着兴趣投入到事实或真理的学习中。
>
> 兴趣的来源就是注意力的途径。
>
> 当这堂课与学习者过去的生活和学习经历发生联系时，他也可能会表现出真正的兴趣。如果与他未来的责任和工作有关时，他的兴趣可能会更浓厚。

四、语言使用定律：共同语言

教育的目的是促进孩子的发展，如果远离了孩子，没有共同沟通的媒介，可能学习就没办法发生，所以共同语言尤为重要。教师要花心思研究，花心思用孩子听得懂的语言进行表达。按照建构主义的观点：教学就是对话的过程，在师生的对话中建构起知识。

雅思贝尔斯在《什么是教育》一书中主张和倡导的苏格拉底式的教学就是一种基于对话的教学。“让儿童站在课堂的中心”这个概念值得思考，如果教学是一个对话的过程，那么师生是平等的关系，让儿童站在最中央的话，那我们老师在哪儿……我们要思考孩子在什么地方？我们要教给他的东西在什么地方？需要从中间用他听得懂的语言做媒介，才能让学习真正地发生。

> 教学中使用的语言必须是教师和学习者的共同语言。

五、课程定律：链接

学习就是从已知到未知的过程，这中间需要链接。这个过程所需要的东西，我们可以把它叫作课程。

我们所设置的课程一定要考虑孩子的已知在什么地方。所谓“差生”的产生，是我们没有思考孩子的已知在什么地方，而未知离他又非常遥远，这个时候，学习就没办法发生。

研究学生的已知，是诸多教育家和学者的共识，只有在已知的基础上才能走向未知，这个链接的过程就是学习发生的过程。不断补齐已知的短板，未知才会有可能，学习才会发生。

> 儿童就是教育的起点，学科就是一座过渡的桥，社会生活是教育的目的。（约翰·杜威）
>
> 如果我不得不把教育心理学的所有内容提炼成一条原理的话，我会说：“影响学生学习的唯一重要的因素是学习者已经知道了什么。要先探明这一点，然后再进行相应的教学。”（大卫·奥苏贝尔）

学生借助那些已经学过的熟悉的知识来学习新知识。新的未知领域只能通过旧的已知信息来解释。那么，课程定律就是这样表达的：

> 需要教导的真理必须通过已经知道的真理来学习。

六、教学过程定律：自主

孩子知道的东西，我们没必要再去告诉他。探索出来的知识更有含量。

所有文明的成果，都具有独创性，都是自己发现所习得的东西。如果可以在没有教师的情况下学习，那么教师唯一的功能就是激发、帮助孩子们在没有教师的情况下做他自己可能去做的事情。

学习知识的目的之一就是创新知识。学会学习是一项非常重要的能力，有问题是学习的开始。只有不断地让学生学会自主学习，教师才能慢慢淡出学习者的世界，从而让学习者独立地学习。其实教师就是要悄然到孩子们身边，把他带到该到的地方，然后指明他要去的地方，最后悄然离开。

激发和引导学习者的自发活动，学习者自己会学的部分，老师不再告诉他。

自己探究、挖掘出来的知识不仅保留时间长，而且用起来得心应手。所有知识最初只能由发现者自己学得，因为没有教师知道这些知识。

七、学习过程定律：再生

在教学定律中，教师的职责主要是唤醒、指导学生，那么学生的责任就是利用自发的活动来掌握学习。教学的理想状态是把学习者培养成独立的思考者，就是在真理的基础上产生出真理，这个再生的过程就是学习的终极目的。

这个生成的过程中，要注意养成好习惯。

这个再生的过程也是一个超越的过程，学习的过程中重现学习内容，然后从容突破前面的概念和思想。

学习者必须在自己的头脑中再生出要学的真理。

八、复习定律：完善

这一点可以和泰勒的《课程与教学的基本原理》对比阅读。

所谓的复习定律就是一种评价方式，考试和做作业实际上是一个复习的过程，也是一个评价的过程。

复习不是一个简单的反复训练，而是对所学科目的检测、校正、完善和总结。

这个过程中，我们要反思：我们自己在教学中有没有对这个知识非常熟知；我们所制订的目标是否符合课程标准的要求，是否符合年段要求，是否符合学情；我们的资源是否有用，要取舍……这是一个动态的过程，不是按部就班的过程。

教学的完成、检验和证实必须通过复习来实现。

九、回归常识的教学，让教师有示范性，让学生有生长性，让教学有章可循，让评价完善。

穿越教育概念的丛林，找到教育改革创新的正确方向，这是当前摆在我国教育者面前的一项紧迫任务。教育者要对教育规律和教育共识有充分的尊重和敬畏，不要让特色和个性的追求成了无视教育规律和教育共识的随心所欲。教育者不要再痴迷于制造新的概念，要用更多的时间和精力去寻找和解决真正的教育问题。（石中英《穿越教育概念的丛林》）

发展素养的学习

【伴读书籍】《深度学习：走向核心素养》

素养是“个体”在与各种真实情况持续的社会性互动中，不断解决问题和创生意义的过程中形成的。而深度学习的概念就是指在教师的引领和持续性的评价下，学生围绕着具有挑战性的学习主题，在有意义的学习情境中解决问题，发展核心素养，形成积极的情感、态度和正确的价值观，逐渐成为既具独立性、批判性、创造性又有合作精神的学习者。共同育人目标下“深度学习”是一位“实践者”。

本书是“深度学习教学改进丛书”中的理论普及读本，着重阐明“为什么要推进深度学习”“什么是深度学习”“怎样实现深度学习”“怎样推进深度学习”几大问题。我们要培养什么样的人，怎样培养，从这本书中可得到启发。

【主编简介】刘月霞　郭华

刘月霞，现任教育部基础教育课程教材发展中心副主任，教育部基础教育课程教材专家工作委员会副秘书长。

郭华，北京师范大学教授，主要研究领域为课程与教学论，教育社会学。主要著作有《教学社会性之研究》《静悄悄的革命——日常教学生活的社会建构》《教学认识论》《信息技术背景下的研究性学习——北京师范大学附属实验中学的探索》。

【伴读嘉宾】郭华

北京师范大学教育学部课程与教学研究院教授，博士生导师，《中国教师》杂志主编。中国教育学会教学论学术委员会秘书长，教育部新世纪优秀人才，国家教材委员会专家委员会委员。

【伴读荐语】

“深度学习”为我们教师素养的提升提供了一个新方向。郭华教授告诉我们深度学习不是什么，我们从“不是”中逐渐清晰“深度学习”的丰富内涵，这本书启迪教育者成为一个真正关心学生、认真研读教材、敢于突破教学的人。

当我们仔细回味“深度学习”的含义时，可能会猛然间发现我们曾经“善意”或者“无意”地剥夺了学生很多权利，我们对于“人”的理解还需要反省。慎思、明辨、笃行，我们与孩子们是共同的学习者。

【伴读摘要】

一、时代背景要求课程改革。智能时代逼迫我们思考好的教学应该是什么样的，应该如何做。进入新世纪，政治、经济、文化科技快速发展，未来社会变得越来越无法确定，不可预知，如何让现在的孩子适应未来的世界，是世界各国教育共同面临的巨大挑战。

> 课程改革作为教育改革的核心领域越来越成为各国实施人才竞争战略的主战场。21世纪初，我国启动的第八次基础教育课程改革不仅顺应了世界教育改革的主流趋势，也是推进素质教育、转变人才培养方式、参与国际人才竞争的战略举措。

二、课程改革围绕提高核心素养展开。核心素养如何从理念到实践，需要真正把握教学规律，解决教学的基本矛盾。素养是“个体”在与各种真实情况持续的社会性互动中，不断解决问题和赋予新意义的过程中形成的。

核心素养是学生必须具备的适应终身发展的必备品格和关键能力，注重自身发展、合作参与、综合实践，是所有学生应具有的最关键、最必要的基础素养，是知识、能力和态度的综合表现。核心素养可通过教育来发展，未来基础教育的顶层理念就是强化学生的核心素养。核心素养综合表现为九大素养，具体为社会责任、国家认同、国际理解、人文底蕴、科学精神、审美情趣、身心健康、学会学习、实践创新。

北京师范大学牵头的研究团队于2016年提出了我国学生发展的核心素养，将其内涵界定为：“学生在接受相应学段教育过程中，逐步形成的适应个人终身发展和社会发展需要的必备品格与关键能力。它是关于学生知识、技能、情感、态度、价值观等多方面要求的结合体；它指向过程，关注学生在其培养过程中的体悟，而非结果导向；同时，核心素养兼具稳定性、开放性与发展性等特性，其生成与提炼是在与时俱进的动态优化过程中完成的，是个体能够适应未来社会、促进终身学习、实现全面发展的基本保障。”

三、怎样培养核心素养？一方面，将知识转化为素养，是指依然重视知识及知识学习，但强调知识和知识学习对学生成长和发展的意义，重视知识的教学组织与转化。提出能够让学生主动学习的，将知识转化为素养的可操作性实践方案。另一方面是处理教与学的根本矛盾。一是教师与学生在教学中的地位与作用的关系。二是处理学生学习主体活动与其能力、态度的矛盾及其发展。教师的作用就是为学生提供这种既能自主操作又能帮助学生获得发展的对象（我们暂且称之为“教学材料”）。

为什么要提供这样的教学材料呢？教学材料与知识、与教材上的内容不同——不是它们的简单复制翻版，而是对它们进行转化的结果，是它们的活动化、具体化，是能够与学生发生关联并能逐渐展开的活动样态。

四、深度学习是什么，可以概括为两句话和五个要点。

深度学习不仅是要发展学生的一般心理能力，更要培养学生的责任感、使命感，以及创造美好生活的主人翁精神。深度学习超越了心理学对学习者发展的期待。例如苏联心理学家赞克夫所强调的，教学要促进学生以思维能力为核心的动手操作能力、观察能力、思维能力等的一般发展。深度学习是在强调促进学生作为具体的、社会历史实践主体的成长与发展，形成有助于学生未来自主发展的核心素养，强调学生作为社会主体所必须具备的健康的身心、高水平的文化修养、较强的实践能力和高尚的精神境界。这是深度学习的根本目的指向。

深度学习是培养核心素养的重要途径。它不是某一种教学模式。深度学习不是浅层学习、机械学习。深度学习不只是培养高阶思维。深度学习不是机器的深度学习。深度学习，不是自学。

> 所谓深度学习，就是指在教师引领下，学生围绕着具有挑战性的学习主题，全身心积极参与、体验成功、获得发展的有意义的学习过程。在这个过程中，学生掌握学科的核心知识，理解学习的过程，把握学科的本质及思想方法，形成积极的内在学习动机、高级的社会性情感、积极的态度、正确的价值观，成为既具独立性、批判性、创造性，又有合作精神，基础扎实的优秀的学习者，成为未来社会历史实践的主人。

1. 深度学习是教学中的学生学习而不是一般的学习者的自学，因而必有教师的引导和帮助。

2. 深度学习的内容是有挑战性的人类已有认识成果。

3. 深度学习是学生感知觉、思维、情感、意志、价值观全面参与的和全身心投入的活动。

4. 深度学习的任务是帮助学生在知识、能力、情感、品格、境界等方面得到提升。

5. 深度学习的目的是培养未来社会历史实践的主人。教师与学生的深度学习是相互成就的，所谓“学然后知不足，教然后知困”，没有好的教师就不可能有学生的深度学习，同样在不断引发学生深度学习的过程中，教师也得到了持续发展。

深度学习的意义在于，通过学习让学生“参与”人类已有的社会实践，使得人类历史与学生息息相关，使学生成为能够在历史中展望未来、创造未来的社会实践主体。

在深度学习这里，教师与学生、学生与课程、人类知识与儿童经验、知识学习与能力培养、知识学习与品格养成、知识学习与情感需要，不再是分离对立的，而是有机地融为一体，而教学活动则是与完整的、有意义的学生个体生命息息相关的活动。

五、深度学习是教师充分发挥主导作用的活动。

教师主导与学生主体相统一。学生主体地位的落实，与教师主导作用的发挥密切相关。

教师要做三件事：

1. 创造学生的最近发展区，激发学生的主动学习。

2. 提供恰当的教学材料，使学生能够主动思考、操作。

3. 带领学生经历知识发现到知识建构的过程，使学生成为主动的探索者。

要确立最近发展区前提是先确定学生的现有水平，学生的现有水平是指学生在没有任何外力帮助的情况下，能够独立完成作业的水平，换言之就是要确定学生现在知道什么，能做什么，对什么有兴趣，能够操作什么内容，能够以什么样的方式完成什么样的活动等，即知道学生“在哪里”。

教师是如何引导学生操作教学材料展开深度学习的？可用“两次倒转”的教学机制来解释。

当然，“第二次倒转”的过程绝不是原原本本地“重演”人类发现与建构知识的过程，而是从学生已有经验、现实水平出发，帮助学生典型地、简约地经历人类发现与建构知识的关键环节，促使学生思考知识发现与建构的社会背景，体验人类实践探索的思想历程、价值追求，评价知识以及知识发现与建构的过程，等等。

六、深度学习的5个特征：联想与结构、活动与体验、本质与变式、价值与评价、迁移与应用。

1. 强调单元学习（联想与结构）

结构化，情境化，凸显学科大概念的知识，发展核心素养的功能最强。单元是指学科课程实施的单元，单元是知识结构化的重要表现。单元通常以主题为中心，单元学习主题是指依据课程标准，围绕学科某一核心内容组织起来的，体现学科知识发展。学科思想与方法深化或认识世界的方式丰富，能够激发学生深度参与学习活动，促进学生学科核心素养发展的主题。

联想与结构，既指学生学习方式的样态，也指这样的学习方式所处理的学习内容（学习对象）。强调联想与结构，意在强调个体经验与人类知识在深度学习这里不是对应的，而是相互成就相互转化的。

从内容单元到学习单元是深度学习的重大突破，单元内应是一组彼此有关联的学习内容和学习活动，借用维果茨基关于单元的说法，“单元是不能再进一步分解的整体的活的组成部分，具有整体所固有的一切基本特性”。

单元的意义在于整体把握。

2. 引导学生在主体活动中成长（活动与体验）

从学生的现有经验水平出发，带领学生模拟地和简约地经历知识探索、发现、发展的典型过程；深刻体会知识发现和发展过程的情感状态、思维方式，丰满符号不能表达的复杂意蕴、把握学科本质、体会学科的基本精神。

活动与体验，是深度学习的核心特征，回答的是深度学习的运行机制问题。活动是指以学生为主体的主动活动，而非生理活动或受他人支配的肢体活动。体验是指学生在活动中生发的内心体验，活动与体验相伴而生，若是主动活动必会引发内心体验，理性而高尚的体验是在有意义的社会活动中生发的。

3. 本质与变式

回答的是如何处理学习内容才能够把握知识的本质从而实现迁移的问题，也就是说发生深度学习的学生能够抓住教学内容的本质属性，全面把握知识的内在联系并能够由本质推出若干变式。

4. 价值与评价

让学生像科学家、历史学家、文学家、艺术家那样去思考去创造。

“价值与评价”回答的是教学的终极目的与意义的问题，即教学是培养人的社会活动，要以人的成长为旨归。人的所有活动都内隐着“价值与评价”，教学活动也不例外。深度学习将教学的“价值与评价”自觉化、明晰化，自觉帮助学生形成正确的价值观、形成有助于学生自觉发展的核心素养，自觉引导学生能够有根据地评判所遭遇的人、事与活动。

5. 迁移与应用

解决的是知识向学生个体经验转化的问题，即将所有所学知识转化为学生综合实践能力的问题，迁移与应用需要学生具有综合的能力，创新的意识，同时迁移与应用也正是有目的地培养学生综合能力、创新意识的活动。

七、实现深度学习的四个重要环节是单元学习主题、单元学习目标、单元学习活动和持续性评价。深度学习倡导单元学习，它要求教师建立好学科核心素养与学科核心内容之间的关系，依据课程标准和教材选择，有利于培养学科核心素养的教学内容和情境素材，制订学习目标，选择学科内容设计学习活动，开展课堂教学，进行学习评价，环环紧扣，使学科核心素养具体化，可培养、可干预、可评价。

需要教师不断更新观念，主动学习，对教学内容进行二度开发，集中精力从事创造性活动。在课堂教学中，教师通过提高学习设计的规范性和系统性，增强学习过程的体验性、互动性和生成性，实现“教—学—评”的一致性，以此更好地发展学生的核心素养，提升学科课程的育人品质。

教育的新图景

【伴读书籍】《走进学校3.0时代》

学校不是生而有之，也不是一成不变的，社会转型伴随着学校变革，学校变革又会驱动社会转型。作为上层建筑的一部分，学校的进化是由生产力发展所驱动的。本书的亮点是从生产力发展角度论述我国教育变革的技术动力和文化阻力，以哲学的视角，站在信息社会和智能时代的背景下剖析学校进化的演进规律，提出学校将进入3.0时代的科学论断并大胆预测未来教育和未来学校3.0时代的新图景。本专著无论是从哲学的高度、理论的深度还是视域的宽度，都具有鲜明的特征，具有前瞻性、创新性和实践性，对我国新时期教育改革和未来学校创新实践具有很强的指导性和借鉴价值。

【作者、伴读嘉宾简介】张治

博士，正高级教师，上海市特级教师，兼任华东师范大学特聘教授、教育部基础教育课程改革专家组成员等。曾参与教育部初中《科学》教材审定，参与上海市二期课改《生命科学》课程标准的制定和高中《生命科学》教材、教参的编写，参加国家基础教育《研究型

课程资料包》教材的编写，著、合著、编著图书49部，发表论文70余篇。任现职期间，他完成了上海市综合素质评价系统、上海市基础教育学生成长空间和数据中心、研究型课程自适应学习系统等10余项大型信息化工程的开发、建设与管理。目前，他的主要研究方向包括教育大数据、教育治理现代化和未来学校与未来教育新图景等。

【伴读荐语】

张治博士以《教育的新图景》为题，首先界定了学校时代的划分：他把工业社会建立起来的教育者有计划、有组织地对受教育者进行系统教育活动的组织机构定义为学校2.0时代；之前，社会建立起来的此类组织机构定义为学校1.0时代；信息社会即将建立起来的此类组织机构定义为学校3.0时代。他面向未来社会的学校3.0时代新概念，阐述学校从内核到外延的种种变与不变，绘制学校进化与教育变革的未来图景，为我国未来学校规划与建设提供了许多宝贵且中肯的建议。新时代的学校教育，要抓住大数据、人工智能等新技术的发展机遇，构建"网络化、数字化、个性化、终身化"的教育体系，重新定义学校，让学校成为"人人皆学、处处能学、时时可学"的学习型社会的新核心，我们要把握学校的"变"与"不变"，成为学校进化的驱动者。

【伴读摘要】

一、什么叫学校3.0时代？学校是伴随着社会生产力的发展出现并且不断进化的一个机构和组织。最早学校的形态，它通过口口相传的方式把这些智慧传递给学生，这是学校的一种原始的形态。

农耕文明时期，叫作1.0时代的学校。那时候的学校，第一，整个社会的知识是很短缺的，而且掌握在少数人的手中。第二，教育就是传道，学习就是求学。尽管孔夫子的门徒很多，但是相对于整个社会的人群来说能够得到孔子教诲的人还是比较少的。到了工业革命时代，随着工业革命的发展，特别是社会生产力的进步，整个工业生产对于劳动者提出了很多的要求。他们希望每个人都具备一些基本的劳动技能，从而可以成为他们的雇佣对象。所以就诞生了一种新型的学校，出现了义务教育。以班级制为代表的学校，它是适应工业社会发展的，我们称之为2.0时代的学校，这种教育非常适合培养流水线上的工人。3.0时代的学校是适应信息和智能时代的。学生学习动力变为自我实现与社会适应，学习内容是一种社会建构与智能时代相适应的学习活动，学生在情境及社会中学习。

教育是一种社会活动，学校是开展这一活动的主要机构，教育起源早于学校的产生。学校的产生标志着教育成为独立的社会活动……农耕文明日渐发达，科学逐渐演化为专门的学院……随着工业化和城市化发展，传统的家庭组织结构被解构，生产和教育走出家庭，变得更加社会化……现在教育正处于一个巨大变革的时代，变革的核心问题……向“为每个学生提供合适的教育”转变。

二、未来学生文凭将不再是一张纸，更多的会是记录课程学习经历的数字档案，学生的学习评估不仅是看考了多少分，更关注学生在哪里学习，学了哪些课程，他在学习中创造了什么，分享了什么，体验了什么，收获了什么，等等。大数据给每个孩子都制作了数字画像。

评价体系的进化从来都是技术发展与理念发展相碰撞、相融合的结果。

大数据是新技术与评估体系之间最重要的关系，是促使评估体系提升的关键。

大数据可能帮助到的对象包括以下人群：1. 政府的教育治理。政府要实现基于大数据的教育治理，已经成为共识。2. 对学校的办学改进。学校为学生提供各种各样的服务，包括个性化的和面向全体的、共性的和复杂的，这些教育服务在一个学校中，往往为了整体发展而忽略了个体价值。3. 学生的个性成长。4.企业的产品改进。教育互联网公司怎样才能做到更优越呢？也许需要从大数据中寻找支持。5.学习规律的发现。对认知规律、成长规律、智慧生成规律，大数据可以帮助研究员。

三、每位教师都有一个人工智能助手，教师角色发生重大转变。进入学校3.0时代，教学不再依靠传统教师。人技协同课堂的涌现，教师的工作将根本转变，传道授业解惑的任务基本上可以由机器取代。教师要真正成为学生“灵魂的工程师”，成为学习的陪伴者、动力的激发者、情感的呵护者……

> 教师不再是智者的身份，知识丰富的优势荡然无存，教师只能是一个向导，可被挖掘的新的竞争力之一是鉴别能力……技术为教师主动的革新提供了各种可能。互联网时代人们对教师的要求越来越高，也越来越苛刻。教师不仅要能运用各种技术手段和工具开展教学，及时、准确、全面地帮助学生完成学习评估，还要能与其他教师、专家开展合作，把数字化模式、思维运用到日常教学中，还要充当学生的导师和向导，以学生为中心展开教学。学生在社交、活动和校外自主学习中所常用的技术和手段，使其对教师的期望值进一步提升。

四、所有学校都是虚拟学校的组成部分，虚拟学校与实体学校无缝融合，使人人时时处处可学。在学校3.0时代，虚实交融的泛学习将是学校的常态，它是一种虚实结合的复合体。虚拟学校是一个全体民众共建、共享、共治的教育平台，是社会的基础设施，它像空气一样可以免费使用，实行基本教育资源的免费提供。人们不管在哪里，都可以获得智能学校的虚拟服务。

> 虚拟学校将成为社会教育系统的大脑，担当资源提供者、学习引导者、管理服务者……现在是一个人人可以互教的时代，通过互联网和建立起来的人际网，人们可以学习各种所需的技能。实体学校将不是学生受教育的唯一场所，一个个学习中心将形成……未来，虚实结合的学校让学习无处不在，学校将是去中心化、去边界化、开放化和共享化的。

五、构建“互联网+”时代的教学新常态。未来的教学将会是面对面学习和在线学习同时并存、互为补充的混合教学模式。基本知识的传授将逐步被支持个性化学习的网上学习替代。课堂将成为应用互动、体验和探究学习方式促进知识理解和运用的场所，具有网络学习不可替代的功能。学习将打通课内课外、课前课中课后、面对面与网络，使之成为一个整体，形成“互联网+”时代的教学新常态。

> “互联网+”就是互联网与传统行业的联合，在创新驱动的模式下，创造新的发展生态……在“互联网+”时代背景下因势利导，充分利用时代优势，对原有教育领域供给、服务进行改造和升级，才能确保对学校教育供给侧改革是有效、精准和创新的。

六、每一所学校都将会成为人们的精神栖所、心灵家园。学校要与人的天性合作，成为快乐生活的空间，满足学生好奇、好玩、好动的天性，呵护好奇心，宽容好玩心，善用好胜心。

> 未来的学校，将起到教堂所能起到的作用，还将起到教堂所起不到的作用。它是文化的宗教、文明的宗教，是人类所发明的最伟大的宗教。未来人类的精神，都将以学校为归宿。能够让学生懂得“热爱”，就是学校的终极使命。

一所“破落户”私立学校逆袭为日本名校的秘密

【伴读书籍】《全世界都想上的课——传奇教师桥本武的奇迹教室》

桥本武国语课堂的传奇之处在于，初中三年，只带领学生深入精读一本小说——中勘助先生的《银汤匙》，却为滩校成为“东京大学录取率日本第一校”做出了巨大的贡献，培养出了著名作家远藤周作、东京大学第29任校长滨田纯一及众多医师等杰出学子。本书作者黑岩祐治系滩校1974届毕业生，他在书中再现了恩师桥本武的国语课堂及《〈银汤匙〉研究笔记》，与读者一起追问教育的本质。

【作者简介】黑岩祐治

1954年出生。日本当今著名私立学校——滩校1974届毕业生。由早稻田大学政治经济学部毕业后，1980年入职富士电视台，任报道部解说委员。后任国际医疗福祉大学客座教授等职，2011年4月出任日本神奈川县知事。主要著作有《将手术刀伸向急救医疗》（信息中心出版局）、《从信息中抽取真相的能力》（青志社）等。

【伴读嘉宾】刘猛

江苏理工学院教授，教育社会学博士。出版《意识形态与中国教育学》《教育之内与教育之外》等著作，曾获江苏省教育科学理论创新二等奖。2017年《文学自由谈》封面人物。近年来对校长、教师的阅读推广与书目研发进行了比较深入的研究。

【伴读荐语】

经师易遇，人师难求。同为教师职业，谋生的教书匠常见，伟大的教育家却少有。这个职业有着一个跨度甚大的角色谱系，对其最有评判权的无疑是直接受其影响的学子。因为师生关系是一切教育的原点，没有师生间的真心相待、心心相通，积极而深刻的教育影响便很难发生。当未来的学子回忆学校生活，深情地对某个教师说一声“师恩难忘”时，我们便可想象这位教师肯定不会是一位教书匠，而是一位“活力四射”的“大写的人”，他正在走向教育家的途中。

在伴读中，刘猛教授通过教育家常常思考的九大问题——何为教（本质）、为何教（目的）、何以教（条件）、教什么（内容）、谁来教（主体）、何时教（时间）、何地教（空间）、如何教（方法）、教如何（评价），来揭秘被学子们称为“恩师”的桥本武何以能创造出“传奇”。

【伴读摘要】

一、教育九问：一体多维，像教育家一样去思考

1. 何为教，即什么是教育？回答教育的本质问题。

有人以为教育是启蒙，是唤醒，是培养；也有人以为教育是宣传，是驯化，是洗脑。

2. 为何教，即教育要培养什么样的人？回答教育的目的问题。

主要有两种取向：一是社会本位，强调培养具有国家意识的公民；一是个体本位，强调完善个体发展的人格。

3. 何以教，即教育的基础是什么？回答教育的条件问题。

少不了两大方面的考虑：一是社会条件，包括政治、经济、文化等层面；一是个体条件，包括生理、心理、伦理等层面。

4. 教什么，即通过什么载体来教育？回答教育的内容问题。

我们经常面对的是作为显性课程的教科书，而忽视作为隐性课程的“教科书之外的世界”。其实，后者常常比前者更重要。

5. 谁来教，即教育靠什么人来进行？回答教育的主体问题。

两大主体，缺一不可，彼此互动，相互成就。教师既是职业，又是专业，具有职业的特殊性；学生既受教，又自教，具有个体的能动性。

6. 何时教，即什么时间教育好？回答教育的时间问题。

人的一生：胎儿—婴儿—幼儿—少年—青年—壮年—老年，我们既要抓住关键期（最佳年龄）接受良好的“学校教育”，又要“活到老，学到老”，接受“终身教育”。

7. 何地教，即什么空间教育好？回答教育的空间问题。

在今天互联网时代，我们不可能囿于学校教室这一空间范围进行教育，还必须直面与思考一个“去学校化社会”时代的到来，投身创建“社会化的学习网络（学习中心）”。

8. 如何教，即通过什么途径来教育？回答教育的方法问题。

两种较为极端的形式：一是强调灌输、填鸭的注入式；一是注重唤醒、点拨的启发式。

9. 教如何，即教育的成效怎么样？回答教育的评价问题。

“十年树木，百年树人”，这是说人的成才非一朝一夕之功。“寸有所长，尺有所短”，这说的是对人的评价必须“不拘一格”。将结果性评价与过程性评价结合起来，这是当今教育评价的主流观念。

二、传奇人物：亲师信道，人的交往是教育原点

1. 桥本武简介

桥本武老师抛弃文部省审定教材，带领学生初中三年精读一本小说（中勘助《银汤匙》），将一所“破落户”私立学校（滩校）打造为“日本第一名校”。他所任教的滩校成为东京大学录取率第一的学校，他的很多学生日后成为各行各业的精英。

2. 桥本武语录

> 要做教师，先做一个有吸引力的人！充实人生的“八大要义”：一、打破砂锅是干劲与自信之源；二、既想了解，是岔路也不断前进，但走无妨；三、国语，是学习能力的脊梁，是生存能力本身；四、在意了就去体验——强烈地印入记忆；五、见效快的，失效也快；六、哪怕是年逾还历（指虚岁61）也要大步向前；七、答案可置后，生疑要先行；八、时髦是长寿的秘诀。

3. 桥本武影响

培养出了著名作家远藤周作、东京大学校长滨田纯一。本书作者黑岩祐治——他的学生——神奈川县知事于2005年写下此书讲述恩师桥本武的独特授课对他和同学们的人生影响。

三、成功揭秘：教师成长，从教书匠走向教育家

桥本武的教学工作主要面对的是滩校初中学生，因而“教育九问”之中的何时教与何地教，我们就不做进一步解释了。其他七问，我们对其顺序也做适当的调整，我们来看桥本武先生自己是怎么通过实际的言行来回答这些问题的。

1. 为何教：培养有学习能力的人

> 无论时代如何变迁，无论环境怎样变化，有了真正的学习能力——这根坚挺的脊梁，我们，总能走下去……

2. 教什么：以《银汤匙》作为载体

选择理由：战后，文部省教材“一段空白”；能让学生将自己与主人公的成长相重叠。

3. 谁来教：什么样的人可称为恩师？

（1）做一位有能力满足期待的老师！

（2）不辞劳苦、有创意、有个性、有笑声、有味道、肯钻研、会跑题！

（3）做一名永远的挑战者！

（4）拥有自己的世界。

（5）不厌于绕远而行，让授课于20年后大放光芒。

（6）要以坚定的信念和火一样的热情与学生碰撞！

4. 如何教：让学生成为《银汤匙》的另一个作者

有“教”无真“学”，无“解”见真“知”。

我不要标准答案，只要你们当时最真实的感受和真正的想法，并把它们留在自己的笔记里。

让学生们亲手去完成我曾做过的工作，一起深入了解小说中的一切，并记录进笔记，到最后，他们就会成为《银汤匙》的另一个作者。

5. 教如何：举一例

初高中时代跟随先生进行的极限式写作训练，让我直到今天都喜欢动笔写。而后来之所以能置身于电视新闻的世界，说到底也是喜欢动笔所发挥的巨大力量，或者反过来说，正是因为喜欢写，才让我选择了这一行业。想来，可谓之为“文章道场”的先生的写作特训，直接对我的整个人生产生了绝大的影响。

6. 何以教：遇到一位好校长

奉行“三不”的真田范卫校长：

> 不插嘴，不监督，也从不过问。
>
> 给不了你荣耀的光环，给得了你绝对的自由。
>
> 很多有趣的事情，在公立中学不可能做，但在这里，你都可以自由地尝试。

什么都给不了的真田校长，给予了这位新教师完全的信任和授课的绝对自由。谁都不曾想到，就是这所接收公立中学落榜生的“破落户”学校，在桥本武进校后的第16年，成为东京大学录取率全日本第一的中学！

7. 为何教：桥本武独特的定义

> 教育，是师生双方作为人的同类间的格斗。有大写的教师，才会有大写的学生。

8. 桥本武到底是谁？

是将教育祈愿刻入自制教材的国语教师。

通过以上桥本武的回答，我们不难发现他是一位具有丰富教育思想的教师，也可算得上是一位教育家式的伟大教师。

留给我们的反思是：1. 我们的教育祈愿是什么？2. 我们应当如何对待教材（教科书）？3. 我国的语文教育课程改革为何困难重重，难以突围？

回到作者黑岩祐治在此书序言中所提的问题：正在教育一线苦恼的教师朋友们，您被称为“恩师”的那一天何时才会到来？

智能时代何以需要教育智慧

【伴读书籍】《智能时代的教育智慧》

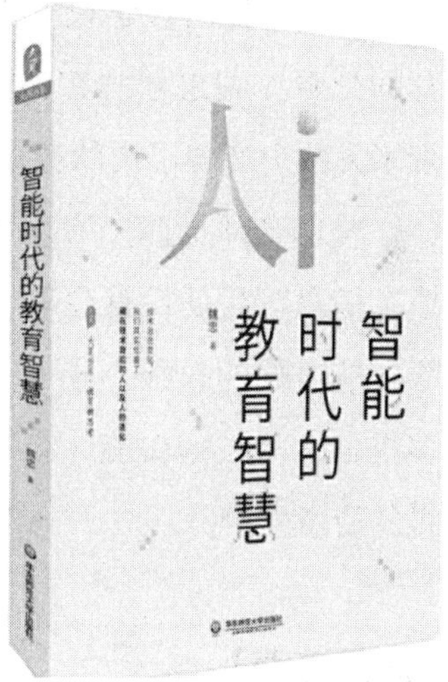

在即将到来的人工智能时代对教育的挑战，作者从科学与人文、教育与脑神经科学、思维与精神等角度，剖析了人工智能时代的利与弊，并提出自己鲜明的观点：人工智能时代，必须重新定义人、重新定义教育——人是智能时代不可穷尽的思想资源，这是教育的基本前提，否则，一旦人把什么都交给机器，也就交出了幸福，交出了人生的意义。

人工智能、AI教育、教育信息化、编程、区块链技术、大数据，这些充满了未来感的词语正在改变人的生活。看似有些保守的教育领域，自然也身在其中。面对时代发展大潮，教育人如何理解，如何应对，从这本书中可以找到答案。

【作者、伴读嘉宾简介】魏忠

学者、博士，上海海事大学电子商务专业副教授。曾经在上海财经大学博士后工作站和美国卡内基梅隆大学交流访问与工作，且具有主流IT企业20多年高管经验。2004年创办上海庚商教育智能科技集团并任董事长至今。在上海海事大学电子商务专业开始了独特的教学实验，根据每年的实验成果不断思考、提升并开发出产品推广到100多所学校，出版了5本教育专著，撰写了500多篇教育文章。其中《看不见计算机的信息化》《信息教育技术到信息教育思维》《教育之真、趣、美》《教育数据革命，思维革命，场景革命》等文章具有广泛影响。

【伴读荐语】

人工智能时代学校应提供什么样的操作系统？信息如何通过设计改变教育的视野？魏忠老师在伴读中带着慧真、慧眼、慧敏、慧谷、慧根、慧心，带来无数个亲身经历的教育故事，鼓励教师们积极拥抱已经到来的智能时代。

魏忠老师从四个方面伴读《智能时代的教育智慧》：数字时代的实体价值、信息时代的设计变革、智能时代的教育智慧、离散时代的结构定力。人工智能时代的教师，成为一个慧眼的使者，而人工智能时代的学生甩掉了更多机械化的大脑功能，集中精力聚焦于慧心，成为操纵机器而不是被机器操纵的智慧生物。

【伴读摘要】

一个智慧的教育，不管是计算机还是实体校园，信息本身是和其基础没有关系的。作为一个信息的系统，是一个五全系统，一定要完成全时空、全自动、全信息、全智能、全掌控。

智能时代老师和学校如何对学生按照“教育的根茎枝叶”的逻辑去掌控？教育包含着根茎枝叶，叶：教育目标、考核、报表、展现。枝：学院管理、系所管理、专业管理、科研管理。茎：结构化教学业务管理部门，如教务处、实验设备处等处室以及教学系统、实验室管理系统、大创系统、大仪系统、排课系统流动的数据营养。根：知识、技能、体验。输送营养的茎必须通过老师来传递，需要深挖进学校，通过老师一门门课进行传授，想要叶长多高，根就要挖多深。

一、数字时代的实体价值

课堂校园与书到底在人的成长阶段起到什么样的信息作用？教师、学校、家庭又是怎样的信息变量？在本体视野下学校是一个什么样的信息交换系统？学校提供一个什么样的出发点才能支持未来变化的世界？教育变量与社会变量有怎样的共生关系？忽悠人才具有什么样的似是而非的信息特征，顶尖人才又有什么样的信息模板？什么又是教育的资源、活动、评价的恒定标准？面向未来的人工智能，什么是孩子们学科视角的童子功？为什么说平台越强大，细节越重要？平台成熟过程中先发和后发对于老司机有什么不同？

> 教育技术只是工具，技术背后的逻辑才是理、气。朱熹说，我们如是学，不舍昼夜。收回师生在课堂上的权利，再好的信息化也会成为工具，再好的教育技术也会成为空壳。

二、信息时代的设计变革

有魅力的学校是怎样的看透与看不透的组合？从教育设计到设计教育信息发生了什么次序的变化？离散的信息通过什么样的信息之绳才拥有教育主心骨？为什么说教师的创造力满意才是信息终极评价？为什么说外行做教育信息比外行办教育有更大的灾难？从信息角度教师是不是碗和锅的关系？为什么说上帝视角就是未来视角，掌握上帝之笔的老师又如何在学生的成长之路上标记信息的坐标？为什么又说教育设计的本质就是形象展现抽象，虚拟指导现实？

> 大学成为一个景点，与公园有何不同？也许在信息化时代，大学不仅有更多的理性，也能为我们提供更多、更深度的体验以及情怀。也许在不远的将来，如大学的建筑物与大师的气场交融一样，大学的故事与传说、资产设备和科学家、专业精神和风景，在信息化的支撑下，将变成不可复制的精神传承，影响着学生、校友以及社会中的你和我。

三、智能时代的教育智慧

什么是各种各样的教育评价终极标准？什么是信息作用于人的实体教育强度？信息使得经济学成为一门数学的趋势下，教育会成为一门怎样的信息科学？人工智能得益于对人的综合研究成果，那么人工智能的研究成果又怎样反哺未来的教育、专业、学科？真正创新的人才教育起点的文理交融背后的信息原理又是什么？作为一门未来科学教育如何辨别扯淡与智慧？信息如何通过智慧的实体措施激发内在信息？教育技术是更靠近技术还是更靠近教育？为什么每次技术革命最先革的是教育的命？

> 人工智能的发展趋势必然是少量精英通过复制经验和算法而改变世界，多数人进行创造性劳动而改变自己、改变体验，人工智能的工具化肩负着为人类谋取福利的重任，而学校肩负的创造未来人的使命将越来越重要。

四、离散时代的结构定力

为什么说信息是外貌，图谱就是骨骼，背后是认知范式？为什么智慧教育背后真正的范式就是计算机范式？为什么说保守与激进就是不同范式之间阀门的临界点？各种各样的人工智能和技术工具背后只是贴近好的教师的常识？再利用大数据进行教育的时候又是信息的本心？为什么当我们谈智慧教育的时候，首先要问一下是本体还是客体？为什么说最终教育目标就是过程与个体？为什么说大学智慧教育本质上是从教学课程计划到资源匹配下沉一层？那么应对与中间过程评价的基础教育，什么又是信息视野的核心价值？

> “多用道，少用器，道通而器成；多用器，少用道，器通而道废。”“信息是一种文明”到今天似乎不会有太多的疑义，然而掌握信息文明的“教育土著”，归化的结果却不是“信息技术器件”所能想到的。

五、智能时代的教育智慧

1. 慧真：“菩提本无树，明镜亦非台，本来无一物，何处惹尘埃”，我们可以说教育不存在，也可以从任何新技术中管窥教育。

2. 慧眼：教育是分层的，在某个层面再聪明的孩子也很难跨越另一个层级，更不用说和这个层级的机器去比了。教育就是要让孩子有更广阔的视野。

3. 慧敏：教师光看得见不行，还得行得通。教师不应该诱导自己和学生去读两个硕士、两个博士学位，而是应该触类旁通地走向更高的境界。

4. 慧谷：名校和家传的原因使慧敏系统巧妙地藏于全息的教育空间中，教师和学校要多用一听就懂的谶语、多用常识和类比、少用教育术语。教育藏于身边，藏于场景，藏于个体，藏于服务过程，甚至藏于错误之中。

5. 慧根：智是能断，慧是能解，教师要有笃定的本心。教师和学校要面对未来十年的知识、未来二十年的技能、未来三十年的体验。

6. 慧心：处乱不惊、心理调整、物质和体验追求同样需要经济与节俭，建立于少证据和少知识的决策能力，才能将见识变成智慧和以巧破千金。

常识性的理论　理论性的常识

【伴读书籍】《布卢姆教育目标分类学：分类学视野下的学与教及其测评》

布卢姆的教育目标分类理论具有两大特征：一是具有可测性，制订教育目标不是为了表述理想的愿望，而是为了便于客观的评价。二是目标具有层次结构。布卢姆把知识维度分为四个类别：事实性知识、概念性知识、程序性知识、元认知知识。布卢姆又把认知过程维度分为六个主要类别，依次是记忆／回忆、理解、应用、分析、评价、创造。以上是该书的主要类别，每个主要类别又都包括若干子类别，也是依次排列的。这样，目标由简单到复杂递增，后一类目标只能建立在已经达成的前一类目标的基础上，从而形成了目标的层次结构。

【作者简介】〔美〕洛林·W. 安德森

美国南卡罗来纳大学教授，拥有数学学士学位、教育心理学硕士学位，测量、评估和统计学博士学位。他于1973年开始在南卡罗来纳大学任教，直至2006年退休。曾撰写或参与编写17本图书，参与编辑18本图书，发表期刊文章37篇。

【伴读嘉宾】李东琴

苏州大学教育博士，新教育研究院新教育实验学术委员会委员，新教育研究院新评价与考试研究所研究员，哈尔滨市公众基础教育评价研究院院长。

【伴读荐语】

布卢姆教育目标分类法是一种教育的分类方法，根据教育目标可以分为：知道、领会、应用、分析、综合、评价。该教育方法指出，问题有简单和复杂，按照学习目标进行提问。《布卢姆教育目标分类学：分类学视野下的学与教及其测评》对教学目标、教学过程中的教学活动和教学评估按24个目标单元进行分类，构成了72种分类结果。本书的完成，表明知识分类学习论思想已被课程、教学和评估专家接受，是科学心理学与教学相结合进入新阶段的标志性成果之一。李东琴老师在伴读中结合理论为我们详细论述了教什么、怎么教、怎么测，以及如何保证目标、教学、测评彼此一致等。这本书献给每天指导学生学习发展的那些老师，教好、学好、测好。

【伴读摘要】

一、在有限的学校和课堂教学时间内，什么值得学生学习？如何计划和进行教学才能使大部分学生在高层次上进行学习？如何选择或设计测评工具和程序才能提供学生学习情况的准确信息？如何确保目标、教学和测评彼此一致？简而言之，这本书就是来帮助大家解决好这四个问题：教什么、怎么教、如何测以及内部是否一致。

二、关于教育目标分类学的概念，我们要抓住这几个关键词：教育目标（在这本书当中，它所设定的教育目标，还有课程目标等，都说的是预期的学生学习结果。这个与教育目的有所不同，特指预期性）、目标分类（为什么要进行教育目标的分类呢？教育目标有很多，对不同学科课程都提出不同的要求，不同国家和地区都有不同的目标，这就往往会让老师感到无所适从。进行教育目标分类，这样就能对目标定义更准确，对预期的结果定义更准确）、分类框架（分类的主要原则就是认知过程，所谓的认知过程就是学生的学习过程。以学生的学习过程，也就是孩子的认知过程为原则进行教育目标分类）。

三、原版框架中，在已有“知识”的基础上进行领会、应用、分析、综合和评价。在修订版中，首先把“知识”划分了一个名词性的独立的知识维度；其次把原版中的名词都改成了动词（记忆／回忆、理解、应用、分析、评价、创造）；另外，将评价和创造交换了位置，创造应该是孩子最终达到的一个认知目的。

四、具体来说，我们怎么知道属于哪一类知识呢？那就必须要了解教育目标分类体系的具体内容。我们所要注意到的是，在知识维度这一块，其实是把所有的知识都放在了一起。换句话说，知识维度总结的各个类别适合所有学科的知识，是个很普适性的理论，对所有学科的老师都有启发性，都可以使用。

拿英语学科来举例，字母和音标就属于事实性知识。概念性知识指的是词汇、语法，比事实性知识抽象。阅读就属于程序性知识，阅读可能会涉及概念性知识，但从整体来看，阅读还是属于程序性知识的。句子也属于程序性知识。而写作就是元认知知识。

整个知识维度就是事实性知识、概念性知识、程序性知识和元认知知识。英语学科已经进行了分析，其他学科就需要老师根据对知识维度各个概念的理解进行分析。不同知识，教学方法是不一样的，孩子的认知方式也是不同的。

事实性知识——学生通晓一门学科或解决其中的问题所必须了解的基本要素。

概念性知识——在一个更大体系内共同产生作用的基本要素之间的关系。

程序性知识——做某事的方法，探究的方法，以及使用技能、算法、技术和方法的准则。

元认知知识——关于一般认知的知识以及关于自我认知的意识和知识。

五、认知过程维度中，认知过程包括记忆／回忆（识别和回忆，举例来说选择题就是识别，填空题就是回忆）、理解（包括解释、举例、分类、总结、推断、比较和说明七个层次，这就需要我们仔细来进行辨别。在教学中，七个层次都运用得多的话，孩子掌握的效果比较好）、应用（就是执行和实施，执行就是在自己熟悉的环境里操作，实施就是在不熟悉的环境下操作，也就是说实施比执行要难一点），这三个属于低层次的思维。那高层次的三个思维就是分析、评价和创造。创造不是瞎想，想象力和创造力是有区别的。英语学科中，创造就是作文。对于每个学科来讲，认识过程维度相对来说比较笼统。

记忆／回忆——从长时记忆中提取相关的知识。

理解——从口头、书面和图像等交流形式的教学信息中构建意义。

应用——在给定的情景中执行或使用程序。

分析——将材料分解为它的组成部分，确定部分之间的相互关系，以及各部分与总体结构或总目的之间的关系。

评价——基于准则和标准做出判断。

创造——将要素组成内在一致的整体或功能性整体；将要素重新组织成新的模型或结构。

六、在实际操作中该如何应用呢？我们老师根据自己学科特征以及学段来看书上给出的案例，进行参考和借鉴。选取什么内容教、怎么教、怎么考、内部是否一致，围绕最初的四个问题来书写案例，所以针对性很强。

七、理论上，教材、教学与评价，是一个循环，内部应该是一致的。但是现实中，从教材中来进行教学，从教材中选取内容进行评价，但教学和评价之间有的有联系，有的没有联系，这就是一个现实存在的问题。如果在进行评价时也考虑到教学时的认知过程，其实就能解决这个问题。不同的学科，要根据知识维度和认知过程维度制订不同的评价指标和教学方法。

八、在做评价报告的时候，关于个人的学科评价报告，我们根据错题的不同，进行分析判断。对每个孩子进行试卷分析，可以作为因材施教的依据。关于班级、年级的学科评价报告，可以有针对性地找出教学上需要注意的地方。那评价指标怎么来的呢？就是根据教育目标分类学里的各个指标来制订的。评价如何与教材、教学一致，就是用教育目标分类学里的知识维度和认知过程维度给我们提供的这些概念来做的设定。这本书就是指导老师们如何用分类学视野下的学与教及其测评把教材、教学和评价的内部一致性做好。

“小”智慧里有大文章

【伴读书籍】《灯谜逻辑》

本书分为上篇和下篇。

上篇通过深度解读200多道新颖有趣、解法不一的灯谜，来探讨灯谜有别于其他艺术门类的特征、规律。书中从灯谜素材的信息种类说起，详细介绍灯谜涉及的古今中外、五花八门的信息，进而阐述制造隐性信息的手段——别解，再说明体现别解的过程——扣合。最后阐明灯谜以谜面、谜目、谜底为外表，以信息、别解、扣合为内核的特殊逻辑，总结谜法、谜理，并指出各种猜制灯谜时易犯的毛病。

下篇为作者严选自己30年灯谜创作中的精品300道，逐一详解扣合线路，把从谜面到谜底的细节条分缕析，以实例让读者加强对灯谜的感悟，提高猜射灯谜的实战能力。

【作者、伴读嘉宾简介】郭少敏

职业灯谜人。中华灯谜馆馆长、中国民协谜委会常委、中国职工谜协顾问、新加坡谜协海外顾问。1990—2017年期间，夺得各类猜谜比赛冠军43次，灯谜作品、论文多次获奖。2014年、2015年参与策划云南卫视《中国灯谜大会》，出任赛题监制、主创，和梁宏达、于丹、郦波等同台点评。2016年为中央人民广播电台直播“天宫二号”发射节目创作灯谜。2018年出谜助兴央视平昌冬奥会直播节目。2019年为央视元宵晚会提供原创灯谜，并出任现场解题嘉宾。

【伴读荐语】

灯谜是中国智慧的代表性符号，是中华优秀的传统文化。它既有文学的气质，又有逻辑的内核，还特别有趣。它能激发好奇心、培养想象力、提升幽默感，尤其对孩子的发散思维、创造思维有促进作用。

很多人都有这样的经历，逢年过节，看到各种猜灯谜的喜庆场面，面对五彩缤纷的谜条和诱人的奖品，却怎么也猜不出谜底。或者，看了答案也不明白其中的道理。这本《灯谜逻辑》，将让你认识灯谜的艺术规律，了解灯谜的基本原理，感受灯谜的奇妙趣味，掌握最基本的猜谜技巧。

【伴读摘要】

楚辞、汉赋、唐诗、宋词、元曲、明小说、清灯谜。

作为中国文学大家庭里最晚成熟的一个小弟弟，灯谜显得很另类。诗词歌赋、小说散文……一般都是以完整的篇幅呈现给读者，唯有灯谜，是先出一半，另一半要读者猜测，类似于解题。

基本的灯谜样式是，先出谜面（相当于题目），再告诉你谜目（提示答案的范围），然后要你猜出谜底（答案）。这个答案跟题目看似驴唇不对马嘴，经过别样的解读之后，又巧妙地对应起来。而谜面和谜底的对应，涉及各种暗藏的知识链接。灯谜与众不同的表达方式，让它显得既有文学的气质，又有科学的道理，堪称最有逻辑的文艺形式。

本书的研究对象——灯谜，特指“文人谜语”。所谓文人谜语，是相对于民间谜语而言的。

一提到灯谜，大家脑海里肯定会浮现出“千条线，万条线，掉到河里看不见（下雨）”“上边毛，下边毛，中间一颗黑葡萄（眼睛）”等一些经典的民间谜语。这类口语化、歌谣式的灯谜，主要是利用拟人、比喻、夸张等修辞手法，来描绘事物的特征、性能、功用等，其谜底大多取材于动植物、日常生活用品和自然现象等，因此常常被叫作“事物谜”。它的传播途径比较单一，一般是在民间口口相传。

文人谜语，则侧重于文字本身，充分调动起形、音、义等要素的多变性，展现语言文字的腾挪变幻。因紧扣文字、书卷味较浓，旧时被称为“文虎”，现在也叫“文字谜”。随着灯谜艺术的发展，它的题材突破了简单的事物范畴，探及古今中外各类博大的知识库，几乎无所不包。它的传播途径十分广泛，书刊、电视、网络等，都能成为它的载体。

谜面：入乡当随俗

谜目：打一职务，4字

谜底：客服主管

作者：卢志文

【解谜】谜底“客服主管”除了“客户服务部门主管”的意思之外，还可以理解成“客人要服从主人的管束”，和“入乡当随俗”的寓意相符合。

谜面：念你、悲你、惜你，你影踪儿全无，心俱碎，残花相依。

谜目：打一成语，4字

谜底：今非昔比

作者：郭少敏

【解谜】谜面在缠绵悱恻、睹物伤情的词意下，暗藏着拆字机关：“念你悲你惜你”六字，去“你”去“心”（含忄），剩下“今非昔”；残花，“花”的字形残缺为“匕”，两“匕”相依而成“比”。

谜面：念嫦娥

谜目：打一英文单词

谜底：change

作者：赵轲

【解谜】谜面的“念”字本指“思念”，而“念”又是多义字，还有“读”的意思。读出“嫦娥”两字的拼音，恰好跟“改变”的英文单词change同字母。

第一道灯谜涉及字义的变化，第二道灯谜涉及字义、字形的变化，第三道灯谜涉及字义、字音的变化。它们的取材、规则、技巧、艺术特征、美学价值等，与大多数民间谜语有着本质的区别。

文人谜语在灯谜圈逐渐流行，创作者辈出，数量不断增加、花样不断翻新，并推广到圈外大众，得到男女老少各种人士的喜欢，成为一种独特的艺术类别和文化现象，成为中国智慧的代表性符号之一。本书要研究的灯谜，即指此类谜语。

从列举的三个例子可以看出，灯谜的谜面、谜底有两层意义：一层是原来固有的表层意义，属于显性信息；一层是有别于原本意义，专门用于把谜面谜底沟通起来的深层意义，属于隐性信息。显性信息互不相干，隐性信息暗中关联，既对立又统一，这是灯谜逻辑的基本特征。

显性信息好比灯谜作者挖的一个坑、设的一个局，起到了迷惑、误导读者的作用。隐性信息好比打开迷局的钥匙，一旦被读者发现，离破解谜题就不远了。

灯谜谜面、谜底的信息具体有哪些？隐性信息是怎么产生的？谜面和谜底的信息是怎么构成逻辑关联的？以上就是本书将要探讨和解决的问题。

求解教育之“谜”

【伴读书籍】《今天我们怎样做教育》

当我们开始谈论教育，实则是在谈论未来，因为教育是直抵未来的一条通道。今天教育的模样，决定未来世界的图景。探究教育，不仅仅是探究学生学什么，教师教什么，也不只是探究各种教育理念方法策略的研究与应用，而更应该回到人和人之间的关系、人与文化之间的关系、人与世界之间的关系上来。

本书作者卢志文是教育管理专家，他的校长管理和教育思考的经典篇章，早已在校长、教师间广为传阅。本书是他多年管理经验和教育智慧的精华集萃，书中的篇章将为我们立体呈现：为何坚持治校以文化立魂，又如何将传统文化与现代管理理念有机结合，用道家、儒家、法家的思想为学校不同层级的管理者赋能，怎样构建独特而完整的教育文化体系，怎样引领教师和学生一道，和真实的世界、未来的世界、理想的世界站在一起。

【作者、伴读嘉宾简介】卢志文

知名教育专家，翔宇教育集团总校长，中国民办教育十大风云人物。新教育研究院名誉院长，新教育基金会理事长，温州民办教育研究院院长。著有《今天我们怎样做教育》等，全国各地做教育变革报告近千场。

知名谜家。中华灯谜学术委员会副主任，中国职工谜协顾问。主编国内第一部教程类谜书——《中华灯谜教程》。2014年参与云南卫视《中国灯谜大会》。

2014年在温州翔宇中学发起创建中国最大的灯谜博物馆——中华灯谜馆。2017年成功组织、主办第四届中华灯谜文化节。

【伴读荐语】

元宵夜，卢志文校长为我们带来一场特别版云伴读——《以“谜”解教育，为教育解“谜”》。卢校长自灯谜开讲，从传统节日和传统文化的偏旁切入教育，用翔宇的办学理念的升级过程看“文化传承与国际理解”，以翔宇的博物馆群落现身说法：未来学校，应该是博物馆的模样，复以妙解灯谜的猜射和创作过程收尾，将逆向思维、发散思维、类比思维、形象思维以及批判思维融汇其间，当场揭示被称为“思维体操”的灯谜的教育内核。

教育，是活生生的人影响活生生的人。听卢校长以“谜”解教育，为教育解“谜”，正可管中窥豹，读到最鲜活真实的《今天我们怎样做教育》。

【伴读摘要】

一、大家都知道，德育在学校教育中排首位，可实际上，很多人常有“说起来重要忙起来不要”的感觉，我们该如何理解德育在学校教育中的地位与作用？

一个人的道德品质由低到高可以分成四层：德知、德识、德行和德性。

受教育者不能没有德知，“知是行之始，行是知之成”，但德知只有内化为受教育者的德识才有意义。德知是客观性的，德识才是个人化的，德知是行为的参照，德识才是行为的依据。德知是可教的，而德识的形成则依赖于受教育者的内化和体验，体验是亲历的，不可以替代的。只有通过体验，个人才能建立起与世界的意义，才能正确理解“人与自然”“人与社会”“人与自己”的关系，才能产生德行，最终养成德性。

二、几乎所有关于教育的弊端和困惑，最终都能从课堂上找到症结；几乎所有关于教育的改革和探索，归根结底也都要回归到课堂中去——因为课堂是教育的主阵地。

教育的产品是服务，服务的核心是课程，课程的载体是课堂。课堂效益低，就是产品质量差。效果不显，效率低下，效益不高，人们对课堂的抱怨和对教育的诟病，是一致的，也是一贯的。

既然课堂问题是学校的百弊之源，那么课堂改革无疑就成了学校教育教学改革的核心和关键。

精彩的课堂，需要教师去创造；稳定的质量，需要结构来保障。底线+创造，是我们务实高效地推进任何一项变革的铁律。

把素质教育的基本要求通过结构化的方式，在课堂主阵地中去稳定地实现，让素质教育落地生根，是理想课堂根本目标。

三、过去我们说教师是蜡烛是春蚕，老师都是悲剧人物。蜡烛燃烧自己，照亮了别人，我们照亮别人之后自己啥也不剩。春蚕会作茧自缚啊。我们在成就别人的同时为什么不能同时成就自我？我们天天说“为孩子的终身发展奠基”，光为孩子设计美好人生，可是我们自己的人生，我们去设计了吗？

教师应该是朝霞是祥云，照亮天空照亮别人，同时他也要展示自身的绚丽！所以我反对说教师是蜡烛！……我们如何在成就别人的同时成就我们自己？这是教师专业化成长过程中必须回答的一个问题。

教师的专业成长，离不开积极性、责任感、事业心，需要能够正确认识自己，正确认识教育，正确认识教育科研。借助科学和内省的力量拾级而上，化被动为主动，用教育孩子的眼光看待我们自己，我们就一定会找到我们自己成长的道路！

四、校长作为一校之长，既要做教育也要做管理，更多是通过管理来实现教育的目标。在很多人的脑海里，“管理”这个词既熟悉又神秘。你虽然知道它的含义，却很难抓住它的本质。恐怕没有几个概念，能得到这种见仁见智、丰富多彩的内涵。那么，管理究竟是什么？

如果要找最朴实的管理定义的话，我愿意推荐下面这句：“管理就是让人做事并取得成果。”有了这个定义，我们就非常容易理解管理的科学性、艺术性和战略性了：管理的科学性在于让人高效地做事，管理的艺术性在于让人愉快地做事，而管理的战略性在于让人做正确的事！

真正的管理高手鲜有单从管理专业学出来的，多是在工作实践中磨炼出来的。在学校，许多人不是因为学了教育管理专业才去当校长的，而是当了校长之后才去学教育管理专业的。这也许是教育管理专业之不幸，却是校长之大幸，因为管理是实践的艺术。

五、教育是一个人改变命运的根本途径。教育公平是社会公平的起点，教育公平对社会公平的贡献是独特而持久的。然而，绝对公平是没有的，这个世界没有绝对公平，只有比较公平。虽然没有绝对公平，但放弃对公平的追求，绝对不行。

教育公平要关注“起点公平”“过程公平”和“结果公平”。

起点公平——更多的责任在政府。资源配置：合理、均衡；政策安排：透明、公正、持续、落实。

过程公平——更多的责任在学校。关爱每一个孩子：不歧视学困生，不体罚顽皮生，不扼杀个性生。

结果公平——更多的责任在自身。学生是发展的主体，自己要对结果负责。社会做到“机会均等”“市场配置”，辅以“弱势帮扶”即可。

教育公平是一种教育理想，需要长期追求，持续努力，不断奋斗，要克服急躁情绪，不能指望一蹴而就。

教育公平也是一种教育思想，有教无类，面向全体，大爱无疆，持之以恒，需要教育工作者终身修炼。

六、古往今来曰世，上下四方为界。世界开始于生命存在的那一刻。这个灵魂用什么来塑造？用文化来塑造。

制度只在有监督的地方起作用。是他律，须慎众；文化在无监督的地方也起作用，是自律，须慎独。制度是“纲”，纲举目张；文化是“魂”，魂归神安。

文化，在制度管不着的地方起作用，在制度止步的地方掘进，它会把“团队精神”渗透到管理者意想不到的每一个细节之中。

文化是一种精神期待，无形而又无限。文化不仅润泽制度，还会在制度管不着的地方发挥作用，由约束、规范走向引领、感召。翔宇崇尚“以人为本，与人为善，对人负责，助人成功”的组织理念；翔宇秉持“功者享禄，能者享位，勤者享薪”的分配原则。翔宇使组织从无到有，翔宇人使事业由小到大，翔宇文化能把团队从有限延伸至无限。

七、我们一直认为，未来学校应该是博物馆的样子。博物馆里藏着最深的历史，最真的现实，最远的未来。博物馆是课堂的有效延伸，课程的复合载体，研学的理想场所。博物馆为孩子的学习和成长构建环境，提供条件，触发动机，创造可能。

人是被环境教育着的，营造优美的育人环境是办学的重要内容。翔宇学校就是要营造浓厚的校园文化氛围，真正实现“让每一面墙壁会说话”，“让每一寸土地能育人”。学生举目所及、举足所进不仅是知识的殿堂，更是美的熏陶和艺术的享受。

教育的价值结构

【伴读书籍】《民主主义与教育》

在教育历程中，我们的家长，我们的老师，能不能少一些功利性的目标，让教育的目的仅仅只是获得更多更好的教育，而不在其本身之外附加什么。美国著名教育家杜威在他的《民主主义与教育》一书中全面地阐述了实用主义教育理论，书中共26章，从非正规化的教育谈到学校的兴起，从普遍意义的角度对教育的社会作用及目前各种学校教育目的存在的缺陷进行了剖析，并指出学校教育改革的方向——向进步的教育迈进。

仿佛是教育思想的蓄水池，此前许多伟大的教育思想都汇入了这个池中，此后许多有重大影响的教育思想又从这个池中流出。它成了后世教育研究者难以绕开的一个理论丰碑，其丰富的思想养料已经哺育数代教育学者，而且每一代学者、每个学者从中受到的启迪都有所不同。

【作者简介】〔美〕杜威

早期机能主义心理学的重要代表，著名的实用主义哲学家、教育家和心理学家。主要著作有《我的教育信条》《学校与社会·明日之学校》《儿童与课程》《教育中的兴趣及努力》《民主主义与教育》《我们怎样思维·经验与教育》等。

【伴读嘉宾】邱磊

中华教育改进社理事，中国教育报刊社特约评论员，《教师月刊》专栏作者，中国教育报2019年度推动读书十大人物。近十年来潜心研究杜威及其理论，出版《“偷师”杜威》《杜威教育箴言》《用生命的母语做教育：陶行知与杜威教育思想对比研究》等著作。现任职于江苏省南通市通州区金沙中学。

【伴读荐语】

我们时常在阅读中触碰到许多概念，每当这个时候，伙伴们须反复咂摸，力图读懂这些关键词。邱老师以《教育的价值结构》为题，带领我们一起去了解杜威、走近他的教育思想以及对杜威八年办学的教育实践进行探索。

邱磊老师为我们清晰流畅地解读了杜威的教育思想，让我们脑海里一些原本混淆的概念渐渐变得明朗。“从教条到信条、从文本到生本、从识见到实践”独到的学习理念帮我们搭建教育理论之间的内在关联，直至构成一张硕大的逻辑网。这张网成了一个自循环的组织后，杜威的整个思想于其中便融会贯通，熠熠生辉。

【伴读摘要】

一、邱老师为我们简单介绍了作者杜威，杜威代表的是普通阶层，他的成功得益于经年累月的累积，并且他深受达尔文进化论的影响，对于这本书的解读就是对杜威理念的总结，对杜威办学理念的总结。研究教育的人应该有哲学框架打底，否则对教育的理解达不到高度的水平。先有对世界的观点，理论的底子，在遇到具体难关的时候才可以保持初心，遇到具体荣誉与挫折时不被现实的五光十色所迷惑。我们要读一本对个人的精神层面打底的书，适应对于教育的全面观照，在系统里面做系统的事情。

> 本书体现我探索和阐明民主社会所包含的思想，和把这些思想应用于教育事业的许多问题所做的努力。讨论的内容包括从这个观点来考察，提出公共教育的建设性的目的和方法，并对在早先的社会条件下形成、但在名义上的民主社会里仍在起作用以阻碍民主理论充分实现的有关认识和道德发展的各项理论，进行批判性的估价。从本书可以看到，本书所阐明的哲学，把民主主义的发展和科学上的实验方法、生物科学上的进化论思想以及工业的改造联系起来，旨在指出这些发展所表明的教材和教育方法方面的变革。

二、教育具有耗散的坏处，需要想办法凝聚资源，选择合适的方式进行有限度的控制，使得社会环境的资源能够更加聚集聚拢，帮助学生或者说帮助孩子形成很好的习惯。杜威把我们对环境的影响分成三个方面，指导、疏导和控制，这里简称为教育的三种形式。这三种形式之间用词的轻重是有较大差别的。比方说，指导相对来说比较柔性，就是搭一把手帮助你克服困难，或者说帮助你做得更好更完善。那么疏导呢，这时候它的用词稍微重一点，因为你出现了不能够理解或组织这样的情况，那么我们需要排除这样的障碍，这时候下手可能会重一些。最重的一种情况就是控制，控制表现在什么呢？表现在它的强化作用，表现在它的精确操作。控制对错误的纠正表现得更加明显一些。这三个词语，从指导到疏导到控制，用药的剂量是不断增强的，是一个正强化的过程。

> “指导”是一个比较中性的词，表明把被指引的人的主动趋势引导到某一连续的道路，而不是无目的地分散注意力。指导表达一种基本的功能，这一功能的一个极端变为方向性的帮助，另一个极端变为调节或支配。

三、围绕指导、疏导和控制这三个词语，中西方在教育立场上是不同的。以中国和美国同时讲《灰姑娘》为例。中式的课堂里面我们经常见到的是什么呢？文章的作者是谁？文章作者的生平如何？甚至会考作者哪年出生哪年去世。接下来还会问文章的分段，文章段落的大意，文章的中心句。在中国，这是我们所熟悉的一个场景。

在西方，对于同样一个故事的讲述会谈到什么？会谈到很多个性化的问题。比方说你喜欢故事的哪一个人，为什么喜欢他？学生可能会这样回答，我喜欢灰姑娘，因为她可爱善良，我不喜欢后妈，因为她对灰姑娘不好等。西方的这些答案和问题是有具体的情境或者场景的，同时相对比较自由。老师可能在这个学生回答完接着问，在午夜12点的时候，如果灰姑娘没有及时跳上马车，可能会出现什么情况？学生说她可能会全身脏兮兮，可能会很惨。这种情况下，老师可能会继续说，所以从这个故事里我们发现了应当做一个守时的人。另外，我们也看到，在社交场合中，每个人都打扮得很漂亮出现在你的眼前，所以千万不要很邋遢地出现在别人眼前。在《灰姑娘》讲述的过程中，西式教育中出现更多的是一种指导或疏通，控制欲与精确操纵出现得相对较少。与西方课堂相比，中国课堂的功利性、目的性较强一些。我们国家在对待教育的形式中，状态更接近杜威所反对的和不赞成的状态，过度精确操控，放弃了对儿童本身的引领。

> 但是无论如何，我们必须慎防有时加进“控制”的意义。有时明显地或无意识地假定，一个人的趋势天然是纯粹个人主义的或自我中心的，因而是反社会的。控制表示使他的自然冲动服从公共的或共同的目的的过程。就概念来说，既然他的本性和这个过程很不相容，是反对这个过程而不是帮助这个过程的，按这种看法，控制就具有压制或强迫的意味。

四、围绕疏导、指导和控制这三个词语，中西方教育立场的不同还有另一个更为明显的例子——赛课。我们老师的体会可能也更加深刻。为了一堂课反复磨课，甚至可能面对同一个班的学生反复讲，复习道具，比赛化妆，参考教研员的意见等。我们发现很多中式的赛课或者研究的走向形式是精确操纵，把课堂设计得滴水不漏。很多地方优课的评价是以操纵为代表的，而真正在学生的自主性、主体性上反而显得稍许不足。

> 事实上，控制只是一种断然的权力指导形式，包括个人通过他自己

的努力所得到的调节，这和别人领导所带来的调节完全相同。

五、在杜威眼里，他把控制分不同角度来说，从一个角度来看，教育即养成积极的心理倾向。这个心理倾向与杜威本身心理学家的身份有关系。从杜威之后，心理学开始大踏步地迈入到教育学里面，心理学很多研究结论、规律，开始在教育里面大量地使用。举个例子，比如说杜威的心理学引导者詹姆斯是机能心理学的开山鼻祖，他们强调我们的每一个机能对事物的反应都能呈现出我们对于事物的思维不一样。包括艾宾浩斯遗忘曲线，一方面告诉我们人的遗忘是有规律的，三天内会迅速遗忘。一周或者一个月后，遗忘速度会很慢，因此强调教育需要不停地反复，加强我们的记忆强度。但是艾宾浩斯还讲了另外一句话，人脑在记忆时，特别讲究第一次输入，也就是老师在讲课时或学生在理解时，第一次的感知对人脑会产生深刻的影响。如果第一次的理解或者学习是有问题的，第二次、第三次需要花很大力气去弥补去纠正，并且效果很差。所以在心理学里了解到，老师在讲授第一遍的时候一定要尽可能地规范、科学、全面，这会大大减轻后面的工作。简言之，心理学对于教育学重要的辅助工作是从那个时代开始的。

> 我们曾经提到过一个学习心理学流派的缺陷。这种心理学认为，只要把赤裸裸的个人心智和物质的东西接触，它们的相互作用就能产生知识、观念和信念。只是到了最近人们才认识到人类的联合生活对形成智力的和道德的倾向具有居支配地位的影响。甚至到现在，通常还是把这种影响从属于和事物直接接触的学习方法，只是当作关于人的知识来补充关于物质世界的知识。我们的讨论表明，这种观点在人和事物之间制造了一种荒谬的和不可能的划分。人和事物的相互作用可能养成外部适应的习惯。但是，只有当这个人利用事物产生结果时，这种相互作用才引出有意义的和有自觉意愿的活动。一个人要能改变别人的心理，唯一的方法是利用天然的或人为的物质条件，引出别人某种应答性的活动。这就是我们两个主要的结论。

六、选择大于努力，结构决定功能。想要进一步成为一位具有话语权、思维力的教师，仅从试卷本身是不够的，结构应是多元完善的。杜威在杜威学校基本教学均用生活场景为教材，在美国压力也很大，但质疑的声音后期逐渐变弱。追求效率的教学从长远角度来看偏向于揠苗助长，应该把教育作为对未来的投资，不仅是现在的。教育行业具有天然的滞后性，可能要十几年后才有收益。在课程观上，生活具有整体性、联系性、发展性，据此，教材应该完整有联系并来自生活。以木工制作为例，从原材料的选择到加工，力学搭配（物理），木材的燃烧（化学），材质、寿命、质地（地理），做一件事将全学科汇聚在其中，在做生活实践操作中彼此合力达成目标。在一个学科内，尽量丰富学科涵养与知识的张力，解决实际问题。生活是发展的，教育即过程。把教育看作为将来做准备，错误不在强调为未来的需要做准备，而在把预备将来作为现在努力的主要动力。重视还原教育的过程，在过程中享受。老子的顺应自然，卢梭的过程性教育是典型的过程化教育，核心思想是一致的。不要为了一个目标虚设，做好当下的每一件事，走好当下的每一步路。

> 过去一个世代学校课程经过了很大的改革。这种改革的由来，一部分是由于教育改革家的努力，一部分是由于研究儿童心理的兴趣的提高，一部分是由于学校教学的经验。从这三方面来的一个教训，即教学应从学生的经验和能力出发，使学校在游戏和工作中采用与儿童、青年在校外所从事的活动类似的活动形式。近代心理学已经用复杂的本能的和冲动的倾向，代替旧理论关于普通的和现成的官能的主张。经验表明，当儿童有机会从事各种调动他们的自然冲动的身体活动时，上学便是一件乐事，儿童管理不再是一种负担，而学习也比较容易了。

教育中的人性美：知鱼之乐

【伴读书籍】《学会关心：教育的另一种模式》

内尔·诺丁斯主张对传统学校教育进行彻底改革，学校必须充分重视学生发展的多样性，建立一个充满关心而不是竞争的环境，对学生的各种兴趣和才能予以开发和培养。围绕这一主旨，书中详尽阐述了学校的主要目的是教育学生学会关心——关心自己，关心身边最亲近的人，关心与自己有各种关系的人，关心与自己没有关系的人，关心动物、植物和自然环境，关心人类制造出来的物品，以及关心知识和学问。

“关心”这个词语并不陌生，这个熟悉的名词如何解读？它的存在会启迪学校教育做出哪些改变？这种模式可以细细品读。

【作者简介】〔美〕内尔·诺丁斯

美国斯坦福大学荣誉退休教授，美国教育哲学协会和约翰·杜威研究协会前任主席，美国国家教育学会会员，哈佛大学杰出妇女教育贡献奖和美国教育研究协会终身成就奖的获得者。她的人生是关怀的人生，在教学中，她把学生当作自己的孩子，毫无保留地爱护、帮助他们。如今已90岁高龄的她，依然不间断地进行创作，为了实现“关怀”不断探索。主要著作有《关心：伦理和道德教育的女性路径》《女性与恶》《学会关心：教育的另一种模式》《教育哲学》《始于家庭：关怀与社会政策》《幸福与教育》等。

【伴读嘉宾】 徐瑛

苏州科技城实验小学校教育集团总校长。苏州市家庭教育名师工作室领衔人。长期致力于在学校进行教师阅读、家长阅读、亲子阅读的实践研究，努力构建校园全员阅读的良好生态。

【伴读荐语】

“认真倾听并且积极回应是关心的基本标志。”这样的关心模式是诺丁斯为我们描绘的崭新的教育蓝图。尊重孩子的差异并正确认识孩子的长短，营造充满关心而非竞争的环境，弯下腰、静默听、及时帮，教育的美需要我们切身感受。“我是为你好。”或许已经成为一种片面的关心，不知道你意识到了吗？徐瑛校长用生动的案例告诉我们，学生需要全面的关心。

【伴读摘要】

一、内尔·诺丁斯，一位非常可爱的女性，她的伟大在于知行合一，关怀关心每一位学生。诺丁斯具备着多学科的学术背景，站在多元多角度的思维方式上践行教育，并在自己70岁之后完成10本教育著作，告诉我们学习是终身的事情。

二、她的一生是关怀的一生，是“教育关怀”的实施者和受益者。她与丈夫生育了5个孩子，又收养了5个孩子，但这并没有影响她的生活与工作。书中提及如何和她的10个孩子进行交流，她如何爱上做家务，如何觉得家务和运动并不是矛盾的一件事情，做家务可以成为一种娱乐方式，这样的一种生活态度与她自己对教育的理解是有关系的——教育与生活密切相关。

三、在这个人与人之间关系变得比任何时代更紧密的时候，我们人与人之间的关系、人与人之间的触碰却越来越缺失了。在这样一个逐利的时代，其实冷漠无情可能是这个时代最大的病毒，是最大的杀手。我们真的有必要来思考真实的问题，我们的教育能做些什么？即使我们改变不了什么，但至少可以保持应有的清醒，或许这本书可以给予启迪。

四、内尔·诺丁斯的关心理论基础包括海德格尔和萨特的存在主义，强调人在本质上是自由的。从我们的教育角度来讲，其实就是学生和老师应该有更多的选择权和自由，涵盖人身的自由、灵魂的自由。第二是马斯洛的人本主义思想，指出教育中人和人之间的交往沟通是一定先要了解对方的需求，当这种需求没有了解清楚的时候，关心是不存在的。这就指引我们去思考一个问题——孩子的内在需求是什么？只有真正了解这种需求才能产生真正的关心关系。第三是吉利根的关怀伦理思想，强调关注人与人之间客观存在的关系和情感。

五、诺丁斯的关心理论是基于整个社会的需要，呼吁教育要培养具有关心能力的人，他能够关心人、爱他人，也能够被人爱的这样一个人。同时关心理论不仅仅是针对教育，其实对整个家庭的教育，对整个社会以及整个社会体系提供一些管理的意见。

> 整个教育系统似乎筋疲力尽，陷入危机之中，但这主要是因为这个系统只会用一种思路行事：例行公事般地累加课程和服务。学生们在被喂着。这种喂养哲学的核心是“饥饿的孩子不能学习”，而真正需要的是富有爱心的人们来哺育饥饿的孩子。学校的学术目的主导一切。教师在灌输，在填鸭，但却很少想过，在为孩子提供食物的同时，是否应该提供体贴和关爱。

在传授知识的时候，我们是否能够对传授的过程、传授的目的、传授的方式进行思考，给我们的孩子们更多的体贴和关爱。这恰恰是我们可以去做，可以去优化的，我们要把力放在这上面。很多的家庭教育其实也存在这样的问题，现在家庭更像学校，灌输更多的知识，提更高的要求。整个疫情期间，孩子们有了一个“神兽”的别称，家长们不知道怎么跟我们的孩子相处了，已经不知道怎么和这样的小生命进行一种非常和谐的共处了，这值得我们深思。

如果我们真正爱孩子，我们就要不仅尊重孩子们所显示的各种才能以及他们后来所从事的各种职业，我们还要深切地关心他们。我们希望保全他们的生命，哺育他们成长，以可接受的理想来指引和教导他们。这些为人父母的立场和考虑将不可避免地影响我们在培养孩子过程中的所有选择。

六、你需要怎样的关系？你需要别人怎么跟你说话，有什么样的勇气，用什么样的眼神，用什么样的语言？关心是一种关系，区别于美德，这是诺丁斯反复强调的。美德是静态的，而关心是动态的，它必须是关心者与被关心者之间的一种相互的来来回回。如果关心不是一种具体的行为，不是一种生命的状态，不是在这两者之间接触交流的，就不是关心，只是我们认为的关心。在整个实施的过程中，应该是有榜样、对话、实践和证实这样一系列的程序。

教育应该围绕关心主题来重新组织。关心，而非传统学科，应该成为教育的中心。普通教育应该面向所有学生，指导他们关心自我，关心身边的人，关心世界上所有的人，关心动植物，关心人类创造的物质世界，关心知识和学问。以关心为核心的道德人生应该成为教育的主要追求。这个教育目的并不与学生的智力发展或者学术进步相互抵触，相反，它为智力和学术发展提供坚实的基础。

七、诺丁斯关心理论对我国当前教育的现实启示：一是需要我们重新去定位学生观，从学生的需求出发，考量每个学生自己不同的需求。一个标准化的教学流程是无法满足所有的学生的，就像没有一个教育理论是可以去解决具体的真实的情境问题。二是建构尊重平等的师生关系。三是强调良好的师生沟通，也就是每个人都要去学沟通，沟通的水平、能力的高低，决定了你幸福指数的高低。四是将关注学科、教学评价融入关心。五是教师做关心的榜样示范。

> 杜威是正确的。但是今天我们却不能把任何一个特定孩子的需要当成其他所有孩子的需要。相反，我们必须将自己想象成一个由一大群不同孩子组成的大家庭的父母，然后问这样的问题：我想为这些孩子做什么？我想为每一个孩子做什么？怀着这样的思考，我们投身于教育，为培养所有孩子贡献力量。

八、在我们的教育日常里学会关心可以帮助我们解决真实情境里的真实问题。同时关心力是教师最重要的专业力，是师德的具体表达。一所学校可以没有宏大的教育叙事，但一定要有细处的心思细腻。

从电影中体悟教育与人生

【伴读书籍】《影像中的教育学》

电影是一门综合艺术，它通过文学、美术、音乐、表演等形式，将日常生活提炼、升华，在影像中带给人震撼人心的力量。从这点来看，电影也是生活。电影中有大量可供我们反思的教育案例，它们生动、直观、感性，更能引起教师的情感共鸣，并产生潜移默化的深远影响。本书精选30部教育电影反复品鉴，探讨教师的教育理念、自我认同、专业成长、课程设置、教学方法、职业规划，乃至人生选择、人际沟通等问题，旨在用高度凝缩的影视案例来解读教育现象，揭示成功案例的实践启示，讨论疑难案例的深层原因，提供问题案例的解决策略。

【作者、伴读嘉宾简介】陈大伟

成都大学师范学院教授、硕士生导师，致力于从教师立场和实践立场出发的教师专业发展、教师成长、课程与教学改革等方面的研究。教育部第二批国家级精品资源共享课“教师职业道德”主持人。所提出的“观课议课”变革主张被列为“《人民教育》创刊60年报道过的最有影响力的事件”。出版有《教育案例写作与研究》《追寻理想的语文教学——我这样观课、议课和上课》等多部深受一线教师喜爱的教育专著。

【伴读荐语】

陈大伟教授结合自身教师培训的经验和个人研究成果，从电影案例中汲取教育力量，为教师量身打造了一本电影书，同时分享了他写本书的心路历程和本书的阅读路径，并就本书呈现的内容对教师在实践中的运用提出了宝贵建议。电影片段可否作为教育案例来解读？什么样的电影片段适合选为教育案例？解读电影案例应基于怎样的前提和立场？依据主题选择电影片段，还是依据电影解读相关主题？怎样把读一本书变成一次学习活动？这些值得思考的问题，陈教授都是基于教师的实际情况和满足一线教师的需要来展开的。一方面，教师生活是完整的，教师除需处理好师生关系外，还需处理好亲人、朋友、同事等关系，也要面对人生选择、人生信念、人生幸福等问题。另一方面，解决教育实践中的实际问题是一线教师的迫切需要，因此，他选择的案例解读紧扣实践的理论、策略、方法和效果，提供变革实践的指南。同时他还致力引导读者思考自己的发展，思考自己的变革。

【伴读摘要】

一、首先介绍这本书的来源，我为什么要写这本书？

（一）在教师培训的过程中，大多数人内心更想看电影，用电影可以提高教师教育的效率。在做讲座或研修的过程中，长时间站着讲比较辛苦，放电影可以空出休息时间。长时间的经验总结出用电影片段来做教师教育，是一种比较有效的方式。

在“‘黄浦杯’长三角征文十周年纪念活动暨黄浦论坛”上，我借助电影案例做了主题报告，《上海教育科研》杂志对此评价道：“陈大伟教授借助电影，用感性的语言表达了在观课、议课中从经验上升到理性的思考，生动地诠释了教师日常观课、议课的智慧。”

（二）教师写不写得出来？说不说得出去？好的东西要写出来，因为反思的最好途径是写作，写作可以梳理、锻炼和发展自己，对自己和他人都有意义。说和写的自觉要求：

1. 遵循基本伦理，富有人文情怀。要符合冯友兰的人生境界论，考虑动机和境界。

2. 基于事实的基础。眼见未必为实，耳听未必为虚。一定要研究现象背后的事实和真相。

3. 基于逻辑的思考。“如何对孩子讲这一天？”要有对一种表达的审视视角：

（1）动机与利益。

（2）有没有专业支撑。

（3）表达范围与克制。有了逻辑判断的基础，要让“子弹飞一会儿”。

4. 有所节制和克制的表达。表达中要谨慎、开放和包容。

“子绝四：毋意，毋必，毋固，毋我。”（《论语》）“万物并育而不相害，道并行而不相悖。”（《礼记·中庸》）

（三）系统的研究和整理。为什么值得系统研究和整理？

1. 题材、内容具有丰富性。关于课程、教育与教学、人生等等。

2. 电影的艺术性和形象性。

3. 案例的实践性和典型性。

4. 仿真实践的可传播性。

二、教师在专业成长中，如何“读”写电影？

1. 用教育、教师的视角看。

2. 从电影中看出和写出新的教育理解、新的教育变革方案。

3. 从“看三国掉眼泪，替古人担忧”到“看三国想未来，为自己谋划”。

什么是好的课堂教学？根据杜威的标准，简言之就是学以致用、知行合一。教师怎样专业地“读”电影？具体可见《中国教育报》刊发的《教师怎样专业地“读”电影》。我的问题：一本书要带给读者什么？适合什么人读？这本书可能带给读者什么？如何把想传递的东西传递出去？读者的问题：我们从一本书中读什么？本书主要内容见“守望新教育”微信公众号的推介序言与目录。

杜威在《民主主义与教育》中曾说过：“最好的一种教育，是牢牢记住学校教材和现实生活二者相互联系的必要性，使学生养成一种态度，习惯于寻找这两方面的接触点和相互关系。”

三、这本书期望呈现的内容

“大学生向老师学什么？”

复旦大学第五任校长杨福家院士这样回答：1. 人生态度和价值观；2. 思维方式与方法；3. 相关知识和能力。

这里的知识能力又有观念、原则、方法的关注层次。

（一）本书的态度和立场

1. 教师立场

关照他人还是关照自己？是理想的教师还是现实的教师？是抽象的教师还是具体的教师？是典型榜样教师还是普罗大众教师？我们关注的是现实的、具体的和普罗大众教师。

2. 实践立场

柏拉图和亚里士多德的差异在哪里？柏拉图：“理念”，认识的问题。洞穴中发现“光”的人带大家走出来，属先验论。亚里士多德：实践的问题，实践的选择与平衡，实践智慧，属经验论。这是我的看法，不一定对。

亚里士多德曾说：“吾爱吾师，吾更爱真理。”

教育实践的特点是选择和平衡，教师要把握好无为和有为之间的平衡，不能谈一些抽象的理论。

《学记》：“道而弗牵则和，强而弗抑则易，开而弗达则思。”“学者有四失，教者必知之。人之学也，或失则多，或失则寡，或失则易，或失则止。”

刘佛年曾说：“写文章可以尖锐，做实践要中庸。”

例如《死亡诗社》，对于“尼尔之死”，怎样避免？谁有责任？各自有怎样的责任？你会选择基廷老师的生活吗？变革者是不是一定没有好的下场？基廷老师未来的教师生活会如何？……

我们在讨论电影、观察电影的时候，一定要基于教师的立场和实践的角色来思考对实践会有什么样的帮助，对老师会有什么样的影响。

教育改革关涉孩子和千万家庭的未来利益，不能走极端，需要“极高明而道中庸”。“人生既要大胆挑战，也要小心谨慎”，教育应该兼顾两方面，这样的教育才是完整的教育，才是能帮助学生更好地适应生存与生活的教育。

（二）关于思想与方法

1. 从提供思想到促进思想。写书、讲课都要因人而异、因材施教。

李玫瑾说过，3岁以前重在哺养，3—6岁重在教养，6—8岁重在培养，18岁以后重在修养。

2. 主要采用案例研究与表达方法（观课议课的方法——观影议影）

什么是案例？我们怎么解释案例？案例与寓言相比较，寓言蕴含、寄托着人生道理，案例是蕴含教育问题或教育困惑，或是能提供教育启示的、蕴含着教育道理的教育故事。来源不同，寓言可以杜撰，案例尽可能真实。案例方法包括观察和选取案例、分析和讨论案例、运用和实践案例知识。语言的研读目的在于读出故事背后的人生道理，案例则是读出启示、问题与解决方案、疑难认知，获得新的教育理解和教育道理。

四、案例选取及分析举例（用观课议课的眼光）

（一）关于教师幸福

（二）关于家校关系《地球上的星星》

（三）怎样应对家长投诉《小猪教室》片段解读：听人投诉莫急辩，得理勿讥少繁难。抓住本质善诱导，守得初心用恭谦。

与《摇滚校园》相比，日本电影《小猪教室》所描写的课程改革更符合课程改革的伦理和教师职业的规范，有更强的实践性和操作性意义。借助《小猪教室》，我们主要讨论课程改革的论证问题和家长反对时有效沟通的问题，以便为课程改革创造良好的外部环境。

未来已来，势不可当

【伴读书籍】《走，我们去找好教育》

什么样的教育才是中国好教育？本书从一线教师的视角，以十年时间为纵轴，采用主、副两线并行的叙事方式，回答了这样一个命题。主线是一所濒临倒闭的私立学校，借助新教育的理念引领与行动指导，通过文化打造与课程改革，找到了教师发展与学生成长的适切路径，死而后生，快速成长为一所具有较高知名度的小学。副线是一位8岁的孩子，小学毕业后有幸在以素质教育著称的校园度过了与众不同的六年，最终未经中考、高考而保送进了中国知名大学。本书以杭州近郊一所普通小学为标本，回答了这样一个复杂而庞大的命题。2014年，新教育实验入围世界教育创新奖。这个教育实验究竟有多大的生命力？本书通过该小学践行新教育实验所发生的巨大变化，佐证了新教育实验在当前中国教育背景下的现实意义。

【作者、伴读嘉宾简介】朱雪晴

1971年出生，中学高级教师，现任浙江省杭州市萧山区银河实验小学党支部书记。

自2007年起深入践行朱永新教授倡导的新教育实验，曾随新教育研究中心赴贵州支教。近十年，致力推行新教育儿童课程、教师专业发展、完美教室缔造、卓越课程研发等项目，主持研发了入学课程等校本课程，在全国新教育研究领域有一定的影响力。

【伴读荐语】

朱雪晴老师以讲故事的方法，分享了她认为的好的教育，既结合学校中的课程改革过程，也结合自己女儿的成长学习经历，娓娓道来，在伴读讲述中侧重于前者。在伴读中她以一个小小的标本，追问一道大大的命题：什么是真正的好教育？以一次“草根”的行动，佐证一场教育的变革：新教育究竟有多大的魅力？以一种平实的叙事，再现一段成长的历程：一所小学如何做到绝地而生？作为这所小学的亲历者，朱老师以极其平实的语言，用丰富生动的案例，娓娓而谈，再现了学校从绝境中求生存，通过十年努力实现快速成长的艰难历程。让每一颗星星在银河中闪光，让我们在阅读中感受朱老师和她的银河实验小学的魅力。

【伴读摘要】

这是一座濒临倒闭的学校因新教育而起死回生的传奇故事。

一、内容主线

这本书每一章就是一个年份，以时间为序，串联了一个个事件和案例。从两条线索展开，主线是学校是如何践行新教育的，副线是女儿的求学之路，两条线有一个核心词：寻找。新教育是否是好教育？女儿所经历的教育是否是好教育？都引发了我的思考。从女儿的求学之路得到了启发：始终保持对学习与生活的热忱，这就是好教育的一个标志。

二、校园文化

我校的办学理念为“让每一颗星星在银河中闪光”，在办学之初我们就旨在培养科学精神和人文情怀兼而有之的、屹立于天地之间的大写的人。在校园的硬件设施上我们也下了不少功夫，比如一进校园就能看到一个日晷，上面题写着“生生不息”四个字。校园中的十条路是以十本经典名著中的人物形象命名的，比如海伦·凯勒路、鲁滨孙路等。每条路名后都承载着一个品性关键词，如犟龟路就是希望孩子们能心有梦想，行有坚持。我们希望孩子们走在校园的每条路上都能把这些品性烙印在心中。

这个课程，旨在依托显性的校园文化，承载隐性的德育目标，通过品性解读、儿童课程、电影鉴赏、主题午唱、习惯养成以及德育实践等途径，使塑造学生的美好品性（如坚持梦想、宽容乐观、勇敢无畏等）以六年螺旋递升的方式，不断敲打孩子的生命，并最终成为孩子生命的一部分。

我校努力给每位师生带来温暖。比如给全体教师提供一日三餐，或者教师会议前的一份点心，让老师能感觉到银河小学不是一个冷冰冰的工作坊，而是一个暖融融的大家庭。正如当初张校长所说，我们在寻找一轮太阳，它能照到整个银河的角角落落，文化就是这轮耀眼的太阳。我们通过上面的那些举措去印证着我们的办学理念——让每一颗星星在银河中闪光，这个星星既是学生，也是家长，更是每一位我校的教职员工，我们努力让他们的生命在银河中闪光。

当我们每个人都自认是一颗星星，都自觉地敦促自己去努力闪光的时候，大概，便是文化这一轮太阳，射进每个人内心的那一刻了。

三、课程建设

儿童课程，严格来说就是书香校园的建设，或者说是儿童的课外阅读。新教育提出，阅读为学生的生命奠基，要为了每位孩子寻找此时此刻最适合他的书籍，让师生、亲子沉浸在民族乃至人类最伟大的作品之中。我们认为阅读之于师生的意义，恰似呼吸之于生命。在推进师生的有效阅读方面，我们做了大量的工作：1. 为孩子找到此刻最适合他的书；2. 把最好的时间留给阅读；3. 拯救孩子阅读，从拯救教师阅读做起。

我校图书馆有6万多藏书，还设有自动借还图书馆、24小时智能图书漂流柜，学生借阅书籍非常方便。我们想要做的就是把每一间教室都建成图书馆。我们有一个简单的愿望，就是把最好的书籍给最美丽的童年，把最好的时间给最重要的阅读。

阅读，为孩子铺展广阔的智力背景。共读共写共同生活，这是我们期待的生活方式。看到老师们理念上对于阅读的认可，以及行动上积极的跟进，感觉十分欣慰。

四、教师发展

我们是如何做教师培养和发展的呢？2008年提到的“教师三专”，指出教师的专业发展理论，即职业认同和专业发展。朱老师在讲座中指出教师成长的“吉祥三宝”：专业阅读、专业写作和专业发展共同体。我校致力打造基于优势潜能的教师发展共同体，建立了专业阅读、个案诊疗、教育博客等七个项目组。

如果，我们把思路打开，不拘泥于课堂教学、班级管理、教育科研，而是以每位老师特有的优势潜能为核心，让拥有相同志趣爱好的老师们结成共同体，这样的共同体，是不是也值得一试呢？

五、卓越课程

课程的丰富性，决定生命的丰富性。课程的卓越性，决定生命的卓越性。如我校的入学课程：开学第一周，我们不上课，以儿童喜闻乐见的素材（晨诵、电影等）为内容，在中间穿插规则教育。在多年的实践中我们发现，这一小小的课程迸发出了巨大的力量。

我把课程目标定位为“消除恐惧与建守秩序”，即通过以儿童课程为核心的第一周入学课程的设计，消除孩子对新环境的畏惧抵触心理，生发对小学学习生活的热切向往；发挥儿童课程特有的功能，指导孩子建立一定的规则与秩序。

六、全科评语和实物档案评价

正如我校门口的日晷上的题字——生生不息，让我们感受到新教育的教学理念：相信种子，相信岁月。在这样的理念引领下，我们完成了许多看起来很难完成的事，比如：15年来的全科评语，所有孩子的电子档案……虽然执行起来有难度，但我们坚持，因为每一个孩子都值得尊重。我们旨在守住每一个孩子，擦亮每一个日子。

于是，这些孩子一下子变得立体、丰满起来，我们甚至可以凭借各科老师的评语，精准判断他（她）是谁了。更为重要的是，我们可以依据这些描述，用客观公正的眼睛去看待每一个孩子。

在瓦尔登湖畔

【伴读书籍】《瓦尔登湖》

《瓦尔登湖》是美国作家梭罗独居瓦尔登湖畔的记录，描绘了他两年多时间里的所见、所闻和所思。该书共由18篇散文组成，在四季循环更替的过程中，详细记录了梭罗内心的渴望、冲突、失望和自我调整，以及调整过后再次渴望的复杂的心路历程，几经循环，直到最终实现为止。表明了作者用它来挑战他个人的，甚至是整个人类的界限。该书是简单生活的权威指南，是对大自然的真情描述，是向金钱社会的讨伐檄文，是传世久远的文学名著。《瓦尔登湖》在美国文学中被公认为是最受读者欢迎的非虚构作品。

【作者简介】〔美〕亨利·戴维·梭罗

作家、哲学家，超验主义代表人物，也是一位自然主义者。毕业于哈佛大学，其思想深受爱默生的影响，提倡回归本心，亲近自然。1845年，在优美的瓦尔登湖畔隐居两年，自耕自食，体验简朴和接近自然的生活，以此为题材写成的长篇散文《瓦尔登湖》，成为超验主义经典作品。

【伴读嘉宾】郁宁远

曾就读于南京师范大学、北京鲁迅文学院、北京大学。2001年赴美在日桥学院完成华德福教师培训课程，并获得教育学硕士学位。先后任教于美国

普林斯顿华德福学校、布鲁克林华德福学校（K—8年级）及乔治学校（9—12年级），教授中文及历史等课程。他融合人智学与中国文化、华德福教育与中国教育的理念和方法，创立了一套深受美国中小学生喜欢的世界和图课程，该课程连续五年获得纽约州政府所颁发的艺术教育基金奖。2010年他回北京创办春之谷学院，2011年起与同伴一起创办春之谷学园，并从2012年起担任春之谷学园壬辰班班主任老师，先后任教师会主席和教师学院主席。现任北京春之谷学院院长，美国海默茵—春之谷“东西方国际高中文凭课程（EWIP）”项目负责人，南通海门悦道思泰纳学校校长。

【伴读荐语】

郁宁远老师以游学读书的形式，漫步在美丽如画的瓦尔登湖畔，欣赏异国田园风光，倾听大自然的语言，奉上了诗意盎然的视觉盛宴。郁宁远老师给观者带来别出心裁的“悦读”，跨越时空的伴读。在伴读之前，郁老师向所有观众提出了七个中心问题，选择一个感兴趣的去探究。在和学生的一问一答之间，书中回归自然的理念渐渐浮出水面，读者与作者的链接渐渐加深。无论是一朵冰花、一把椅子还是一只猎犬，任何一种美丽的物体都需要有一种奇特的魅力去引发人们观赏。一篇好的文章、一部好书也是这样，郁宁远老师带来的《瓦尔登湖》值得我们细细品味。

【伴读摘要】

一、梭罗为什么要住在瓦尔登湖，后来又为什么要离开？这个问题在华师大版本的简介中有完整的答案。梭罗住在瓦尔登湖实际上是因为他的朋友爱默生也住在这个小镇，爱默生买下了瓦尔登湖边上十几英亩的土地，允许梭罗住在那儿，这是一个主要的原因。他的另一个朋友也建议他在这个世界上唯一看中的一块快乐的地方建房子。当时的他们已经形成了超验主义的团队，他们喜欢远离世俗生活，来到自然当中，寻找神的智慧。最重要的还是爱默生写了一篇《美国学者》，对梭罗影响很大。后来梭罗离开瓦尔登湖也是因为爱默生要去欧洲讲学，爱默生的夫人就邀请梭罗一起。

二、梭罗是如何为自己盖一间房子的？梭罗空手一人来到森林，他是如何获得食物、衣服、用具、燃料而实现生存的？在《简朴生活》中讲到梭罗借了一把斧子，这把斧子其实是“盘古开天地”中创世的斧子。梭罗来到森林里，实际上也是创世的开始。因此只要人们有了一把斧头，也可以开启新天地。

1845年三月底，我借了一把斧子，到了瓦尔登湖的树林里，在离我打算盖房子最近的地方，开始砍下一些高高大大像箭一样笔直、依然年轻茂盛的白松做木材。工程伊始，什么都不借可能很难，不过借东西也是个机会，可以让你的同乡们从你的项目中获益。斧子的主人把斧子借给我的时候，告诉我这把斧子就像他眼中的瞳仁一样，是他最珍贵的东西；不过我还斧子的时候，它可是比我借它的时候还要锋利。

三、梭罗是如何接待来访的动物和人？他是如何处理访客和独处的关系？为什么在瓦尔登湖森林里有丢失的猎犬？实际上，这些访客，一方面让梭罗找到和社会的联系、邻里的联系；一方面梭罗在独处的时候找到和自己的联系。在梭罗独处的时候也拥有独处的力量，这种独处的力量让梭罗能够阅读，与伟大的灵魂交流。另外，他可以与邻里做深入的交流。梭罗是一个真正的孤独的享受者，他深深地进入了他的孤独世界。

我房子里有三张椅子，第一张是给孤独的，第二张是给友谊的，第三张是给交往的。

四、梭罗在《瓦尔登湖》引用了哪些东方和西方经典著作、诗歌？为什么引用这些经典章句？它将你带向了什么境界？在梭罗独处的时候，其实有很多伟大的灵魂在和他相伴。他通过阅读这些东西方的著作，找到了精神的通道。这个精神通道使得他在夜深人静的时候和这些伟大的灵魂对话。通过文献的研究，发现在《瓦尔登湖》里有印度的《吠陀经》、希腊的《荷马史诗》《伊利亚特》、中国的《老子》，可以看出梭罗在阅读中有独到的见解。梭罗在大自然中阅读，他所看到的马上就可以想到书上的。他将自然与文明结合在一起，往往能让他产生顿悟。

不管我们怎么崇拜演说者偶尔展示的口才，最高贵的书面语言，却像布满星星的苍穹掩藏在云层之后一样，通常是掩藏在稍纵即逝的口头语言背后或者之上。星星就在那里，有能力的人就能够识别它们。

五、你认为瓦尔登湖的深度能够测量出来吗？你相信梭罗的测量方法和数据吗？你能够测量出瓦尔登湖的深度吗？瓦尔登湖的深度相信是大家关心的。瓦尔登湖并不是靠雪的积水形成的，而是地下水融合的。这样的湖水就可能非常深。梭罗是一个专业的测量者，他不仅测量出瓦尔登湖水的深度，还测量出很多高山、田野。那瓦尔登湖水到底有多深？在梭罗之前，很多人认为瓦尔登湖是没有底的。梭罗用了很多方法来测量，比如用绳子绑石头，将石头沉入湖底；用了声音的方法。

我用尺子先纵向丈量，然后又横向丈量，吃惊地发现，尽管湖中心差不多是平坦的，湖岸的边线一点儿也不规则，而最长和最宽处的数据是靠测量洞穴而得到的，然而，长度最长的线和宽度最宽的线却正好在最深处相交。

六、在个人的本能、欲望、野性与社会的文明、善愿和道德之间，存在着什么样的“更高的法则”可以平衡和协调？这个问题是我们当今社会人类面临的非常重要的问题。早在160年前，梭罗已经面临这个问题。在梭罗面临饥饿、种植的食物被动物吃掉的时候，他也没有驱赶那些动物，因为他觉得分享是快乐。当他在面临饥饿的时候，曾想过吃土拨鼠。随后他开始反思，欲望和野性在每个人身上都有，所以是可以理解的。那“更高的法则”

可以怎么平衡和协调？梭罗用犀利的文字不单解剖这个社会，更解剖他自己。

> 人唯一应当引以为耻的事情，就是与低劣野蛮的兽性同流合污。我担心我们只是像农牧之神和山林之神那样的神或半神，半神半兽的怪物，充满了欲望的动物，而在某种程度上，我们的生活本身就是我们的耻辱。

七、梭罗在《瓦尔登湖》中谈到一个寓言：“很久以前，我丢失了一头猎犬、一匹栗色的马和一只斑鸠，至今我还在追踪他们……”请问这头猎犬、这匹栗色的马和这只斑鸠在哪里？它们比喻或象征着什么？你通过什么可以在日常生活中寻找到它们？这是梭罗在160年前丢失的东西，他至今还在寻找，我们当今社会也在寻找。每个人对于这三种意向都有不同的理解，后期我们仍会去追寻。

我的信念：教育是美的

【伴读书籍】《教育是美的》

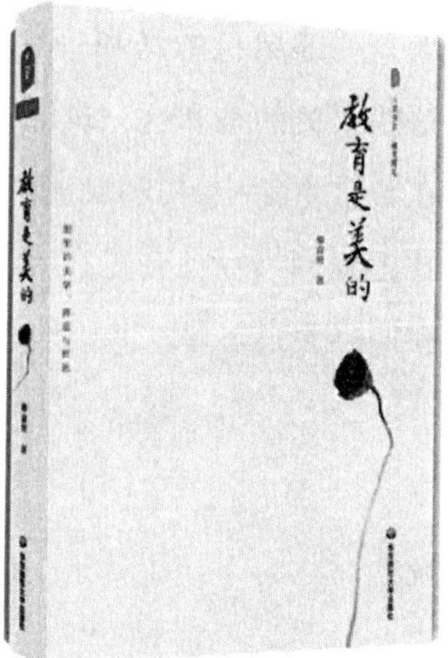

诗性校长柳袁照多年积累，用独特的视角观察教育生活的点滴。柳校长以图说教育为主线，选取“做俯下身子的教育”“做有生命质感的教育”“做阳光下个个绽放的教育”“做有一份深邃与神秘的教育”等角度，展现日常生活中的点滴，以及这些点滴中透露出的教育哲思。图文并茂，娓娓道来，意味隽永。

很少见到有关教育的书能将诗性的文字与唯美的插图、精美的构思与禅意的表达结合得如此完美的，柳校长用其独有的风格还原了教育的精神底气与文化根基，展现出其所在的学校教育对神圣思想的坚守，斯园、斯人、斯事，既是他生命的珍藏，又是他对于教育的特有精神宝藏。读之，教育之美、之真、之诚，跃然纸上，令人动容。

【作者、伴读嘉宾简介】柳袁照

江苏省苏州第十中学校长，特级校长，正高级中学教师，语文特级教师，教育部中学校长培训中心兼职教授，苏州大学硕士生导师，中国作家协会会员。近年来致力于“诗性教育”的研究与实践，提倡“审美课堂”。以诗人的情怀做校长，以对教育的思考入诗，并从中总结提炼了“诗性教育”，还原了教育的精神底气和文化根基，表达了在功利之风日盛的社会中，学校教育对神圣理想的坚守。已出版《老什物》《教育是什么》《清泉石上》《流连》《柳袁照诗选》《我在“最中国”的学校》等教育专著和文学作品。

【伴读荐语】

亲切的柳校长带着我们感悟世界，从一草一木中感悟，从一人一事中感悟，感悟生命、感悟人生、感悟教育。做俯下身子静候的教育，做有生命质感的教育，做如自然般美妙的教育，做一路有风景的教育，做阳光下个个绽放的教育……作为一名教育工作者，要做有情怀的人，能够对一花、一草、一木都抱着欣赏的眼光；要做原创的自己，尊重他人的想法，也对事物有自己独到的见解。在柳校长的导读下，教学中的琐琐碎碎变得那么富有诗情画意！让我们欣赏这种美，并为这种美而努力！

【伴读摘要】

一、这是一本感悟世界的书。王安石《游褒禅山记》中写到“古人之观于天地、山川、草木、虫鱼、鸟兽，往往有得，以其求思之深无不在也”。世界万物日月星辰、飞禽走兽、花卉草木，都是有联系的、有情感的、有思想的，如何在倾听与阅读他们的过程中融入又超越？让我们在这本书中寻找答案。

> 我相信一切生命的深处都有最柔软的地方，会让最坚硬的物质融化。能体察万物，方能对万物有所感怀。我所期待的教育，所期待的校园，所期待的课堂，应有这样的温情、深情与柔软。

二、教师是什么？教师，不仅仅只有专业，更重要的是他们所拥有的人生，对于教师本人来说，这很重要。教师首先是一个人，一个完整的人，在教师发展的问题上首先应该着眼于人的发展，在教师的专业成长过程中首先应立足于教师的“生命成长”，教育如此，教师也是如此，离开专业，才能回到专业。

自然形成的河流，蜿蜒曲折，没有规律又有规律，与天地山川相呼应，有无尽的魅力与美妙。教师，何尝不是？

三、什么是生命？生命为何而来？这些简单而又古老的问题，没人能说得清楚，但可以肯定的是，教师的生命影响着学生的生命。教师是最好的生命教育的课程和教材。在生命成长的旅途中，你会与各种不同的生命相遇，犹如校园里的每一棵树，当你认真地去观察它们之后即会发现每一棵树都是不同的，树如此，学生更是如此，每一位学生都有其独一无二的美。

生命的意义在哪里？生命是一拨又一拨的人走过、来过，留下的、带不走的是生命气息，无时无地不在，生命在这个园子里放射光彩。生命最美丽的时刻，也许就在人们不经意的一瞬间。一瞬间或许就是永恒，永恒只是一次花开花落。

四、教育是什么？泰戈尔曾说教育就是向人类传递生命的气息。如同路边的那丛小花，虽然弱小，但浑身焕发出澎湃的、生命的活力。

教育就是为孩子们的成长，把本来栽种在花盆里的花草，栽种到大自然的原野之中。既提供阳光雨露，又提供狂风骤雨。让他们自己去选择，自己去面对，自己去历练。

五、教育的美就在于，它在时刻带给学生新的可能，它在时刻引领学生打开一个更广阔的世界。走在教育的路上，一路都是风景，或许是旷野上立着的几株小草，或许是河流中激起的几朵水花，又或许是草原上奔跑着的一群牧羊。风景是不一样的，一样的是呈现在教育这条路上的都是生命的活力与精彩，教育路上满是风景，教育本身亦是一道风景。

> 一朵花长在那里，可能不起眼，可是一群花长在那里，在江南的微风细雨中摇曳，便美丽无尽。这些微小的生命，能呈现无限的意义。停下我们的脚步吧，驻足一会儿，慢慢欣赏，慢慢感悟，它们所显示的“智慧”，也许仅仅于今天，我们还是不能完全领略、领会、领悟的，完全领略它们、领会它们、领悟它们，甚至：需要用整个的一生，或许一生都不够。

六、美的教育是有文化气息的教育，美的教育是有历史记忆的教育，即便是一棵草、一扇门、一块石头，都能带领学生打开一个变化万千的世界，这世界里有流水淙淙也有风起云涌，教育的气息或许不同，可对于其中的生命却都是永不褪色的感动。教育应成为一种自然的存在，只要用心去聆听，到处都有天籁之音。

七、“甘于卑微”的教育，就是甘于放下身段、蹲下身子静候的教育。我曾经在一片旷野，看到所有的野花野草都在绽放，没有谁比谁更高大或者更卑微，大家都坦荡、大气，充满生命的活力。而我们如同遍地绽放的小花，甘于卑微，平等、自信、微笑着与孩子们相处，那才是教育的本意！

> “做甘于卑微的教育”，实质是让教育回归到“人”的教育——完人的教育，即完整的人格的教育。“做甘于卑微的教育”，涉及三个层面，即要解决“学校、校长、老师”三个层面的问题。我们要处理好学校与学校之间的关系，学校与校长、老师与老师之间的关系，以及校长与老师之间的关系。只有这三者都“卑微”了，才有孩子们最终的“卑微”。

八、自然界的很多现象都能折射出教育的问题。雄奇的山峦、盈盈的湖水、圣洁的雪山，神秘西藏的静谧美景给了我们启示：在这个变动的年代，教育应该有万世不变的东西存在，不要浮躁，也不要时刻出新花样，更不要整天想着另辟蹊径。我们要学会坚守，尤其要在静谧中坚守，坚守我们的传统文化，坚守我们的教育精神，坚守推动民族发展的文化之精髓。教育要耐得住寂寞，耐得住孤独。这是我们一直期待和向往的教育！

九、从日常生活中感悟教育，是一个老师所必备的品行。浸润与体验是学校该有的特质，真正的教育就隐藏在日常的校园生活之中，哪怕是清风明月，抑或是晨曦阳光。用心去感受你会发现，渗透着生命感的教育才是透彻的教育，才是沁人心脾的教育，真正的教育也许就在不经意间。有温度、有情感的校园，懂体验、善感悟的老师带给学生的不仅是高尚的审美情趣，还有更高雅的艺术人生。

十、教育是美的，生活是美的，美在一花一草，美在一山一水，美在日常生活中，美在教育教学中！

我们的校园，曾经是院落无数，庭院深深。金桂、银桂、丹桂历经两三百年，年年飘香。而今，许多庭院早已消失，然而，四周高大的香樟树，荫翳蔽日。在这个园子里，遇见你，是一种幸福的象征与标志。我们相遇，是幸福的开始。

为“真学”而教 为“真教”而读

【伴读书籍】《为“真学”而教——优化课堂的18条建议》

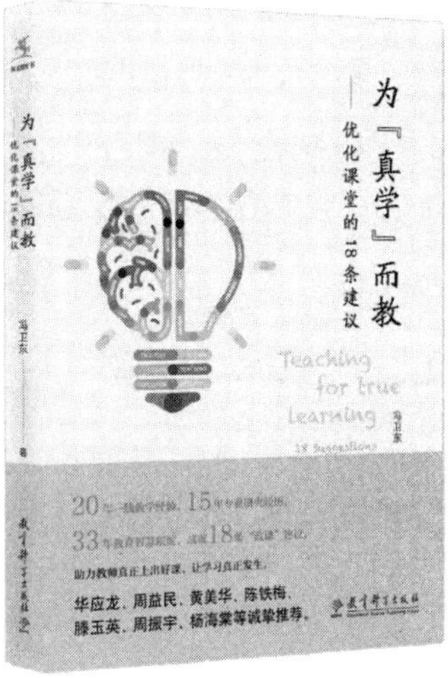

当下，提高课堂教学质量的关键是从假教、假学走向真教、真学，让学习真正发生。

冯卫东老师30余年来沉浸在全国著名教育之乡——江苏省南通市的中小学课堂中，引领和带出众多一线优秀教师，积淀了丰厚的实践经验、理性智慧和科研成果。本书是其多年心血的结晶，从正反两方面给出18条“改课”建议，好用易学，教师可以借此上出好课，实现教学转向、课堂转型，并创造良好课堂教学生态。

【作者、伴读嘉宾简介】冯卫东

江苏省南通市教育科学研究院副院长，江苏省特级教师、教授级中学高级教师。江苏情境教育研究所副所长，新教育实验研究中心副主任，主持并完成江苏省教育科学规划重点资助课题和全国教育科学规划立项课题各一项。成果获江苏省基础教育教学成果奖一等奖一项、二等奖两项，两次获江苏省教育科学优秀成果奖二等奖。代表作《今天怎样做教科研：写给中小学教师》，曾获评中国教育报年度“影响中国教师的100本书”，入选中国书刊发行业协会年度“全行业优秀畅销品种”。

【伴读荐语】

从一节节生动的课例中提炼出的一条条朴素的课理；从一条条课理中生发出的一个个优秀的课例；从割裂、零散的自我表达，到完整自洽的表达，冯老师这本书所传授的理念是于千万朵花中提炼的蜜。真学，从儿童立场出发；真学，在质量与效率的统筹兼顾中发生；真学，依据一定的标准和学生的获得来衡量，基于这三个理念，冯老师金句频出，句句经典。立足于学生，受益于师生，既教教师如何教学，也教教师如何成长。一句句质朴无华、饱含哲思的话语，让我们感受到一位教育者的殷切期望。让我们一起努力，为“真学”而教，为“真教”而读！

【伴读摘要】

一、“真学”概念的出现大概受到两个因素的启发：一是南通市如东县搞“真学”课堂建设年等相关系列活动；二是那时读到一本让我很受启发的书——《人是如何学习的》。

> “真学”源于近两年逐渐走红的话语——“让学习真正地发生”。

二、教育学最终的目的是：把“教”还给学生，让学生学，让学习真正地发生。现在想想，由过去谈“‘高效课’的三、六、九”，到后来谈“课堂变革的‘三、四、五’”，再说“真学发生论”，最后谈“为‘真学’而教”，其间的嬗变还是有意思的。

> 学生学习到底是怎样发生的，这其实是一个非常深奥的问题，我只能切换到教的视角来看它，看老师如何促成学生学习的真正发生。

三、这本书第一部分有三个理念，它其实是关于效率问题的三个理念，这三个理念比较有创新意味：第一，减负就是增效；第二，警惕“效率过剩”，不能一味太过强调效率；第三，“风物长宜放眼量”，不能仅仅盯着眼前、脚下或者很短时间以内，我们要更长远地来看学生的效率问题。而后来写成书，这部分的三个理念依次是——真学，从儿童立场出发；真学，在质量与效率的和谐共生中发生；真学，依据一定的标准和学生的获得来衡量。

真学理念是好的理念，却未必为很多人所了解和掌握；即便了解也掌握了，也未必内化于心，外践于行：人们普遍缺乏真学理念，更少有人对它刻骨铭心，使之成为安顿于灵魂深处并驱动自我教育行为的自觉与努力。

四、“旷日”的教学或许才有“持久”之效。有个词语叫旷日持久，指做事拖拖拉拉，不讲效率，使事情在很长时间内难以解决。我在这里对这个成语有另解，慢慢地教学发生了，产生的记忆、理解和能力，才能够持续发展，在明天和以后继续应用。

有时，让学习的过程延缓、“耽搁”一些，有利于学生思维的浸入、心灵的镌刻，有利于能力的养成、恒久的发展。

五、让学习“自然而不太流畅”地发生。我们平时常常叫作自然、流畅，我现在把自然和流畅对立起来，你看有时学习很自然地发生，它就有些磕磕碰碰、跌跌撞撞，就不会很流畅。自然的未必流畅，流畅的未必自然。而我们教学在自然和流畅之间，我们宁可要自然，也不要流畅。而流畅地教学往往是比较肤浅、雨过地皮似的，而且是我讲你听，或者是只有少数同学在高效参与，其他人在沉默，这样的教学不能让真学发生。

有必要回到“行云流水”的本义，让学习像山里涧、谷中溪、岩上流一样，“自然而不太流畅”地发生。如此的“行云流水”，才走向了教学的本真。

六、相信儿童，“为难”儿童，解放儿童。你不要让孩子温水煮蛙，你不要总是给孩子不需要思考就能回答的问题，这是不行的。在孩子面对和解决一些比较浅显的问题时，你需要给他制造麻烦。要相信儿童，就要适当挑战儿童，如此才能解放儿童。因为儿童喜欢接受挑战，面对挑战。

好的课堂是不断走向深度学习的课堂，而深度学习是走向有思维挑战的学习，教师不仅要“迎合”学生、满足学生，更要引领学生、发展学生。着意“为难”学生，就是让他们迎接挑战，这归根到底是思维的挑战。

七、“用”也可以“致学”（用以致学），在学与用之间实现“互哺”。我们常常说学以致用，但是有时你让学生去用这个知识，他就能够很好地学习，所以我们称之为“用以致学”，在学与用之间实现反哺。

无论什么工具，要掌握就得靠运用。同样，无论什么知识，要学就得用。学以致用，用可建功；用以致学，学能行远。

八、简单纠错就像给中箭者剪去露在外面的箭柄：

［剪矢留镞］有医者，自称善外科。一裨将阵回，中流矢，深入膜内，延使治。乃持并州剪，剪去矢管，跪而请谢。裨将曰：“镞在膜内者，须亟治。”医曰：“此内科事，不意并责我。”适当“究错”才是基于治标而朝向治本的拔根之举，有机“救错”犹如在歧途中邂逅迷人的风景……

究错，即追本溯源，探求、弄清、揭明错误产生的根本原因，以及相应的思路与过程……“救错”指一些错误中含有一定乃至较大的价值，应把它打捞起来，让它起死回生。

九、“卑之无甚高论”，我的所有文字都是自己“做”出来，或者是和老师们一起“做”出来的。它的特征是有点高度，好懂，好做，能有一定收获、产生一定效益。这里以一位陌生网友读我的另一本书的一段“读后感”作结：乍一听“今天怎样做教科研”这个名字，便难以吊起我阅读的积极性，相较于情节引人入胜的小说或是清新浪漫的散文集，偏理论研究方面的书肯定枯燥乏味了。可是，读着读着，就彻底推翻了我之前的“偏见”！这些报告囊括了教育随笔写作、论文写作、微型课题研究、规划课题研究等等。细细研读一个个案例、一个个故事，如临现场，和作者一起平等地研讨和探索教科研，毫无一般教科研理论的枯燥乏味感。不得不折服于冯卫东老师那不温不火、娓娓道来的文笔，那既明世事艰难又不失希望与努力的平和，那看得明白、思得深透却又坦然的执着，当邂逅这些理性的文字时，心里异常温暖、惬意。如今，合上这本书，真有种“相见时难别亦难”的心灵触动！

在行动中学习。我不愿做理论玄想，而是努力在行动中学，在行动后写。一是从自己30多年的实践经历、讲台经验中提取部分活性因子，把它们转化为某些教学思想。二是把寄望于一线教师进行而他们由于多种主客观原因未完成的教学实验改由自己来尝试、操作。三是潜心观摩团队成员的课堂，共同孵化个性化课堂模式或个人教学主张，促成他们实践自觉的强化、实践品格的提升。我坚持“做的逻辑”，让教学理想不是悬浮于天空，而是落实到地面。

《论语》里住着孔子

【伴读书籍】《论语》

《论语》作为儒家的最重要经典，其意义可以说是中华文化这株大树的根，而且是主根。既然《论语》是中华优秀传统文化这株大树的主根，那其重要性自然不言而喻。明白了《论语》的重要性，当然要去读《论语》。

然而，站在今天研究两千多年前的这位圣贤，我们需要知道的绝不仅仅是“孔子是谁”，更应该了解“孔子留下了什么”，以及“与我有何关系”。我们是否能在《论语》及孔子智慧的指导之下，活得更好、更通透。

【作者简介】孔子及其门生

约前551—前479，名丘，字仲尼，鲁国陬邑（今山东曲阜）人，中国古代思想家、教育家，儒家学派创始人。

孔子开创私人讲学之风，倡导仁义礼智信。有弟子三千，其中贤人七十二。曾带领部分弟子周游列国十三年，晚年修订六经（《诗》《书》《礼》《乐》《易》《春秋》）。去世后，其弟子及再传弟子把孔子及其弟子的言行语录和思想记录下来，整理编成《论语》。该书被奉为儒家经典。

【伴读嘉宾】何伟俊

江苏省兴化市教科室主任、小学语文教研员，泰州市“有突出贡献的中青年专家”。专著《论语里住着的孔子》《犁痕桨迹》分别被评为中国教育报2015、2016年度教师喜欢的100本书之一。2017年出版专著《孟子的理想国》。

【伴读荐语】

孔子和《论语》对何伟俊是一种生命里的缘分，他以精神的标高追寻生命的意义，又以使命的担当研究传播孔子的思想。何伟俊以《〈论语〉里住着的孔子》为题，结合自己的理解和思考，用浅显易懂的语言为我们解读了一个真实而智慧的孔子。为什么要推荐《论语》？因为何老师的解读能让你困在原地的人生也要奔跑，就算死去生命也要燃烧。他将一次次地为你解开思想的困惑和教育的难题。尽管难以给你一个标准的解题答案，但一定能给你某种深刻的思想启迪。

【伴读摘要】

一、经典价值

经典的文化价值在于其思想和思维方式，对当下人的生活、人类的未来仍然具有启示和指引的作用。梁启超曾说过，《论语》之最大价值，在教人以人格的修养。《孟子》为修养最适当之书，于今日青年尤为相宜。为修养受用起见，《论语》如饭，最宜滋养；《孟子》如药，最宜袚除及兴奋。

《论语》是孔子的家。我们读《论语》，走进孔子的“家”，可以了解和学习其思想、智慧，更重要的是感受《论语》这个家中真实的主人——孔子的人格和风采。

二、真实《论语》

《论语》的价值，其根本在于它的真实。弟子们记下孔子的言行，编纂《论语》不是写名人传，更不是写圣人传，而是记下一个真实的，他们心中佩服、尊敬的，愿意留在他们心中永远记住的老师。老师优秀的高明之处，他们记下；老师的无奈、尴尬甚至过失，他们也记下。

> 哀公问社于宰我。宰我对曰："夏后氏以松，殷人以柏，周人以栗，曰，使民战栗。"子闻之，曰："成事不说，遂事不谏，既往不咎。"

三、真情孔子

《论语》主要是弟子们对孔子言行的记录、孔子和弟子们问答对话的记录。我们在读《论语》的时候，不仅要关注孔子说的话，讲的道理，里面包含的思想，还要关注孔子的行为。孔子很注重言行一致、知行合一，从孔子的行为，我们可以感受到他的可爱人品和人格魅力。

> 子钓而不纲，弋不射宿。

> 子温而厉，威而不猛，恭而安。

走进《论语》，通过十年的反复阅读、细细品味，一个活生生——人格高尚、聪明睿智、风趣幽默、终身好学的真情孔子，常常萦绕于我的脑际，永远留在了我的心中。

四、学而第一

学习是第一的人生追求。学习能改变人生，改变社会。学习，是人类第一特征；学习，是人生第一要务；学习，是生活第一乐趣；学习，是为师第一本领。孔子的学习，不只是学知识，更不是为考试，而是做人、做事、做学问的统一，明理成人，"下学而上达"。"下学"，就是学基本的知识、能力，能安身立命，能做好自己的事情；"上达"，就是向上所达到的层次、境界，也就是精神的提升，心灵的丰富。《论语》对当今人的启示重点就在"仁"和"学"上，有仁心不伤人，能学习不糊涂。

子曰："学而时习之，不亦说乎？有朋自远方来，不亦乐乎？人不知，而不愠，不亦君子乎？"

子曰："君子食无求饱，居无求安，敏于事而慎于言，就有道而正焉，可谓好学也已。"

五、教学相长

善学者，方可言教，方能善教。先学后教，方可为师；不学而教，贻害后生。教师应该是学者：先学者、善学者、博学者、好学者、乐学者。先"学"而后"教"，学有深感方可教。经历自身学习过程，学有所悟、学有所感、学有所思、学有所得，教学才能真正发生。

子夏问曰："'巧笑倩兮，美目盼兮，素以为绚兮。'何谓也？"子曰："绘事后素。"

曰："礼后乎？"子曰："起予者商也！始可与言《诗》已矣。"

六、仁心之道

古代氏族社会，仁本指具有血缘关系的人与人之间相互友爱、帮助、同情等情感。《论语》中"仁"字出现100多次，是孔子道德思想的核心概念。孔子把家族仁爱提升为整个社会的道德伦理思想，包括孝、悌、忠、恕、义、礼、知、勇、恭、宽、信、敏、惠等内容。孔子讲仁，没有统一的概念和定义，而是结合生活实际做出不同的阐述。仁，来自人的生活，来自作为社会人对一种友善生活的需要和向往。

子曰："里仁为美。择不处仁，焉得知？"

子曰："富与贵，是人之所欲也；不以其道得之，不处也。贫与贱，是人之所恶也；不以其道得之，不去也。君子去仁，恶乎成名？君子无终食之间违仁，造次必于是，颠沛必于是。"

七、言传身教

弟子们不仅听孔子的言传，同时注重体悟老师的身教。孔子作为后世称为的至圣先师，其生活细节中体现的守礼敬人等内在修养，更具有和蔼可亲、耳濡目染的生活气息。这样的行为，既是孔子仁心的自然流露，又是默默无闻给弟子们以身教。正所谓“亲其师，信其道”，孔子的“循循然善诱人”正是体现在其一言一行之中，弟子们佩服、尊敬他，自愿向老师学习以提升自己的德才和境界，这大概就是教学的最高境界了吧！

子绝四——毋意，毋必，毋固，毋我。

子见齐衰者、冕衣裳者与瞽者，见之，虽少，必作；过之，必趋。

八、师生情长

颜回是孔子最喜欢的弟子。孔颜虽是师生，却情同父子。孔颜不仅情义深切，而且相互理解，成为知己。颜回深赞孔子，既表现了对老师的尊敬，也表现了对老师人品、智慧的深切感受。同时孔子夸赞颜回“贤哉回也”，既是对弟子的表扬，也是对其深入的理解。后世提出并探究“孔颜之乐”，可见其师生关系的亲密和灵通。师生关系的最高境界，就是“教学相长”，成为人生知己。孔颜是教育人的榜样，值得当下教育人借鉴。

颜渊喟然叹曰：“仰之弥高，钻之弥坚。瞻之在前，忽焉在后。夫子循循然善诱人，博我以文，约我以礼，欲罢不能。既竭吾才，如有所立卓尔。虽欲从之，末由也已。”

九、立身行道

做学问，明事理，立身行道，通权变——为人处世、德行修养的四个层次、境界，就是孔子说的“下学而上达”，一层比一层更需要智慧和功夫。到了通权变、不拘泥，就到了“智者不惑”的高度。

孔子人生的志向是“吾道一以贯之”，为了坚守自己的“道”，需要权事之轻重，而得道义之正。权变，为的是不变；守道不变，需要权变。

子曰："可与共学，未可与适道；可与适道，未可与立；可与立，未可与权。"

十、智慧人生

孔子遇山水必观，用水的特征表示多种仁德，表达对人生的理解。上善若水，水滋养万物，包容万物，荡涤万物，水是仁慈的。山，沉稳宽厚，内涵金石，外秀林木，贡献万物，恰似仁厚的长者。

智仁者乐山水，昭示着天人合一的思维。乐于山水，是乐于山水之精神，是化山水之精神为我之精神，是谓"人法地"，效法大地以豁达自身的胸怀，修养自身的性情，与天地精神共往来。

这就是孔子屹立于大地的永垂不朽的形象和风采。

子在川上，曰："逝者如斯夫！不舍昼夜。"

子曰："三军可夺帅也，匹夫不可夺志也。"

子曰："知者不惑，仁者不忧，勇者不惧。"

学校若有理想的课程，会是什么样的？

【伴读书籍】《未来课程想象力》

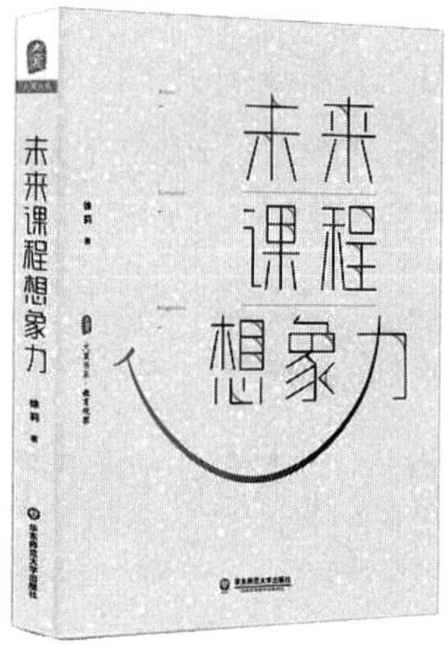

《未来课程想象力》结合作者20多年的从教经验，以及在我国香港地区、芬兰的教育观察经验，希冀回答国内课程建设的几个关键问题：

1. 全球一起“核心素养”的时代，课程变革何为？

2. 课程目标的确定及其哲学基础。

3. 校本课程的内涵和开发路径。

4. 在历史和现实中确定教师的责任和身份。

5. 学校课程设计与实施案例的实用性探究范式。

作者坚实的教育理论基础和丰富的教学、个人阅历，使得本书的论述深入浅出，娓娓道来，引人深思，可读性强。

【作者、伴读嘉宾简介】徐莉

课程教练、专栏作者。首届荆楚教育名家、知名儿童课程设计师，第二届全人教育奖提名奖获得者，2015搜狐教育年度变革力教师，著有《能说的，都不痛》《没有指责和羞辱的教育》《未来课程想象力》等。

【伴读荐语】

学校教育，更是在孩子的成长过程中起到了举足轻重的作用。但目前普遍存在教育与轻松成长之间的矛盾。

徐莉老师在伴读《未来课程想象力》时，解除了读者心目中一个又一个的疑问：教育作为一个专业，是否能透过“学业负担太重”的感觉，厘清负担过重的原因？是否能抓住学习内容和学习方式变革的关键，寻求问题的解决？

那全民理想课程到底是什么样？徐莉老师通过学习和了解国内外的教育运营模式，以及自己关于儿童教育的不同观点，解读了未来课程的内容、形式以及实施方法。

【伴读摘要】

一、理想课程和实际课程

理想课程是由校外专家和校内权威界定的，比如管理权威、专业权威。在传统的学校里，理想课程有多方参与。线上教学也就是理想课程，是典型的低控制的教学，低控制的线上教学的特征，不应该是个缺点，而应该被当成充分考虑的条件，它在限制我们，同时也在给我们机会去改变教学方法。

线上的理想课程是什么呢？是用学习的乐趣让学生的日子变得不那么煎熬，而不是煎熬地学习。“停课不停学”这个理念很好，因为在这样特殊的假期中，我们没有谈教育，也没有谈教学。因为有学习这件事，学生的生活变得更好，他的发展变得更好，这是我们的理想。

实际课程是多方面协作、互动、共同调试的课程。

理想课程和实际课程为什么永远是冰冷的现实加遥远的理想？其实从理想课程到实际课程，需要充分尊重自己学校或自己班学生及家长的现状，从而制订课程计划。

杨教授所代表的权威界定，与世界各国的研究者对这个概念的限定一致，但与课改初期的社会选择——仅将学校自主开发的课程当作校本课程——不一致，这曾给学校核心课题组的研究与实践带来巨大的压力和挑战，但当“课程设计”取代“教学设计”，成为2013年之后内地教育创新领域的热词，内地教育同行们对校本课程的理解，与最初权威界定有渐渐趋于一致的倾向。这个历史生成的过程不是谁对谁错、谁更先进谁更聪敏的证明，而是一种观念、一种理解从提出到约定俗成必须经历的努力。权威界定与社会选择，从不一致到日渐一致，何其有幸我能见证并参与其中。

二、课程互动

我们一直认为课程设计是一个技术问题，因为在学校里，课程设置不能进行问责，领导、教师和学校都是我们内部熟悉的一套话语。今天我们的教育线上课受到批评，是因为从社会文化视角和政治视角，我们在做不恰当的事情。

作为教育管理者，他要去跟政治、文化和社会各个主体进行互动，但是教师面对家长，也在参与这场社会文化及制度的互动。

我们永远不能让自己的认知固定下来，而要利用自己的权利和责任，去调试各方以接近理想。

首先，开发的课程必须是能被人理解的。有人推行改革不被理解，认为是教育管理者、教师、家长意识落后，自己没错，别人需要被改造，这个归因太简单粗暴。课程是大众智识的共同体，必须获得持份者有限的理解和共识，而不是不管不顾地一意孤行。其次，优秀的课程总是特色鲜明的，所以追求优秀要么求新做别人没做过的，要么就做质量最好的。

主体的灵活：教师、学生、家长和社区人士（专家）都可以成为课程设计实施和评估的主体。

三、管理者视角和教师视角

管理者视角：学校和教育局对老师要最少限制，相信老师想把事情做好。

教师视角：老师对家长要最少限制，相信学生和家长想把学习做好。

低控制的线上教学如果用打卡或者用各种规范让老师、孩子和家长不断地去应付时间点，既不现实，也非常容易让大家反感它的价值和意义。我们应该发挥网络的优势，利用时间的灵活性和及时性，与学生一对一私密交流。

新身份的背后，是我在探索“一个老师，在课程设计和实施上，拥有的自主权究竟能够有多大”。我在探索，一个公立学校教师的权利边界。教师在课程设计和实施上有多大的自由？这个系统允许、支持我走多远？做多少？争取教师的课程自主权是我的诉求——希望在什么时间、什么地点、以什么样的方式、学习什么内容，由我这个跟学生最亲近的人与学生通过合作决定，而不是做校外和教室外的教育专家、教育管理者的提线木偶。

四、学习目标及学习方式的改革

学习目标的平衡取向：知识与技能、社会性发展、学习动机、元认知能力。

线上课的设计思维：同理心、明确问题、形成创意、筛选方案、测试调试、解释说服。

让学生喜欢和学生感兴趣是很难的一件事，但是如果不在这上面想办法，线上的课真的会是一个灾难。在低控制的学习环境中，要么把内容放到开学后，要么把知识和技能换一个方式融合到一些比较有趣的活动和操作中去，带学生做一做，降低“一讲就会、一讲就懂”的期待。

有研究表明，中华文化背景下，即使是大量的讲授式学习，也不会抑制学生自主学习能力的发展。一个能够理解并满足学生学习需求的优秀教师，用讲授式教学，同样能极大促进学生自主学习能力的提升——含学习内在动力这个维度。

五、线上课程特点与问题预期解决

低控制度是互联网的特点。互联网带给我们非常好的生活、工作和学习体验。好听就听，不好听就不听；喜欢就学，不喜欢就不学；有意思就点开，没有意思就不点开。

当互联网工具违背了当初最有价值的价值追求的时候，我们批评的只是工具将人工具化，而不是工具造福于人。

差异化与差异化教学涉及的是目标调试与学习方式。

> 到了课程实施阶段，作为实践者，我们都经历过，因为课堂上的实际状况，我们不再执行原定的教学目标和教学方案，修订甚至完全按照即时生成的方案去实施。这个过程即使是完全由学生自主学习，也是教师决策的结果，教师不给机会，学生就没有机会。

不是所有的学习都是朝向做卷子的。

家长不合作应该被当作事实来接受，而不是被我们当作批评和改造的对象。

不想做和不能做的人其实都是我们要去帮助和支持的人，绝对不是去批评和指责的人。

设计空间　变革学习

【伴读书籍】《重新设计一所好学校》

《重新设计一所好学校》是一本解决基本问题的实用书。实用、可行的方案和设计思路，成功实现空间转型，带来教与学的提升。将学校空间重新设计成激发学生大脑潜能的学习乐园，让学习和学习环境之间的互惠年复一年地迭代。

本书揭秘了教师与学生、学生与学生学习空间的功能构成，提供了智慧教育时代构筑“合作学习”空间的设计方法和全新学校设计方案。世界知名的学校设计大师普拉卡什·奈尔从丰富、创新的校园设计实例和插图入手，展示了教学楼是如何影响教学法、课程和学习的，促进学校管理者重新思考教学和工作方式，重新想象有关学校学习和教学空间。

【作者简介】〔美〕普拉卡什·奈尔

美国引领教育和学校设计领域变革的领军者，著名设计大师，国际知名建筑公司菲尔丁·奈尔国际的创始人和总裁。曾担任纽约市数十亿美元学校修建项目主管。荣获若干国际奖项，包括颇有声望的麦康奈尔奖——学校设计领域的全球最高荣誉。

【伴读嘉宾】唐晓勇

南方科技大学教育集团副校长，第二实验学校校长，南山区第五届政协

委员、教育部教育信息化专家、华南师范大学兼职教授、微软全球教师大使、深圳市十佳青年教师、广东省教师工作室主持人、全球创新教师大赛第三名获得者（2009年巴西）。长期致力于技术支持的学习变革与创新的实践研究，近年重点关注“互联网+”背景下的课程重构探索，独立主持多项国家级和省级课题，撰写的120多篇论文在国家级期刊上发表，多次应邀到全国各地讲学，开发的课程在多家在线平台上线，深受欢迎。

【伴读荐语】

唐晓勇校长提出本书就“如何改变我们的学习空间，来变革我们的学习”将会给读者带来启发和建议。唐校长认为这本书“适合每一位教育局局长阅读，适合每一位学校校长阅读，适合每一位学校教师阅读”，不同的人阅读，会获得不同的启发和信息。在阅读的基础上，只有践行，才能改变。

在唐校长的伴读中，通过一张张具有代表性的照片，更直观地带领我们去反思传统学校的设计问题。通过对比中外学校的空间设计，来思考其背后折射出的教育理念。就大家感兴趣的一些实际问题，如“如何改造教室？如何改造办公室？如何改造图书馆？”等，一一和大家进行分享。

【伴读摘要】

如何改变我们的学习空间，从而变革我们的学习。在这里，我们聚焦“学习”二字，这本书适合各个层面的人阅读，不同的人可以从书中获得不同的信息和启发，阅读之后践行才能改变。我们面对的学生要走向未来，未来需要什么样的孩子？是有创新能力的孩子，是动手实践的孩子，那么我们的教学空间、学校空间就应该发生改变。

一、学校设计原则及彰显的教育理念

奈尔认为，关于课堂学习的教育有两种观点，即以教师为中心的学习和以学生为中心的学习，而本书中核心的学校设计要以学生为中心。其中核心理念是跳出“功能需求”的传统设计定位，满足人的内在需求，因为人是联结的核心，包括人的交往、表达、合作、自主等。与此教育理念相照应的学校设计的四项原则是：宾至如归、多功能性、支持各种具体的学习活动、传递积极的信息。

宾至如归（安全、滋养人、鼓励大家成为好公民）：学生在学校的行为举止与教学楼传递的隐含信息有很大关系。

多功能性（灵巧的、个性化的）：我在整本书中都会提及一所学校的教学楼应该是灵巧的，比仅仅创造灵活的空间还来得更复杂些。

支持各种具体的学习活动（多个学习场景）：设计学校的一些区域来提升一系列学习活动，比如，公共学习空间。

传递积极的信息（关于身份和行为）：创建积极的校园氛围的重要性再怎么强调也不为过。

二、学习型教学楼的关键特征

教学楼、教学空间要匹配人类学习的本质。学校的设计要变革，从静止而死板的建筑物转变为灵活的学习型建筑物，而学习型建筑物有三个显著特征：灵巧高于机动，智能环保型教学楼和聪明伶俐的孩子。

在新学校的设计和现有学校的翻新中都需要精心考虑并应用的设计元素可以归纳成以下五类：空间规划、科技、学习环境、内部设计和个性化。其中科技是指在教学楼设计时就要接入各种互联网和科技；学习环境这一关键特征中，有三个关键的环境因素直接影响学习：室温与空气质量、采光以及声响效果。学习型教学楼还有一个最重要的特征是个性化，它有三个关键词：隐私、基地和展示。

学生白天大部分时间都待在学校，然而学生在学校很少有地方可以称作自己的空间，也很少有他们可以独处的空间。就像办公室的成人需要自己的工作空间和隐私一样，孩子们在学校也需要个性化和独处的地方。

从历史来看，学校是大众学习的地方，科技为每个学生提供机会来拥有更加个性化的学习体验。与科技相关的元素包括教学楼设计带来的机会和限制以及课堂之外的学习。

三、改造教室：学习工作室—学习套间—学习社区

典型的教室设计基于错误的推断，以及认为内容的有效讲解等同于有效的学习。大多数教室都以单一的教学模式设计，即教师在教室前面的讲台上上课，而且强化了教师们彼此隔离、在各自的房间（或各自的办公桌）里做事的模式。作者与建筑师兰德尔·菲尔共同提出学习的二十种形式，设计学习空间匹配多样化学习。

把两个或两个以上的学习工作室之间的隔墙打通，换成简单的入口、拉门或可移动墙，这样就能创建学习套间。……教育工作者可以合作，有更多的机会重新组合学生，给需要帮助的学生提供一对一的指导。

在小型学习社区里，我们是从整体上看一座传统教学楼的侧翼，而不是单纯的几间或多间教室。……但是若把这一空间改造成一个小型学习社区，潜在的学习活动数量便戏剧般地增长。

四、改造办公室：设计有利于协作的空间

为老师提供策划交叉学科项目的机会，充分利用每个人的知识和优势，讨论学生的进步，以及分享策略。

为了更好地促进教师之间的合作，教同一群组学生的老师要有毗邻的工作空间。这样的近距离关联有助于老师一起备课和非正式谈话——老师们随时可以谈论教学策略、课程材料或个别学生的需求。

五、改造图书馆：联结人与思想

图书馆的核心不是藏书，图书馆是人与思想联结的地方。所以在建造图书馆的时候就要思考：思想在哪里？人在哪里？图书馆的类型分为：校园中心图书馆、贯穿校园的图书馆、虚拟图书馆、社区图书馆、没有书的图书馆等。通过建设迷你图书馆，开发随意的阅读空间，将图书馆的资源分配到校园各处，建立多媒体录音工作室等方式改造图书馆。

好的图书馆总是个性化学习的地方。图书馆更多是关于学习而不是教课。个体或群体可以在这里做研究，可以提出各种问题，探索每天的突发奇想和一生的热爱。

不管学校可能采取何种方案，图书馆的根本品质是给各个年龄段的学生带来欢乐的源泉，而且学校应该付出所有努力保持这些品质。

六、到户外去学习：非正式学习空间设计

生活在市区的学生更需要与户外和自然场景关联，因为这些年轻人可能几乎都遭受“自然缺失症”。在户外玩耍的孩子生病、感到压力或变得极具挑衅性的概率较小，他们更能适应生活中意料之外的转变。

若干研究已经指出与自然关联有助于缓解认知疲劳、提升个体注意力。类似的研究表明与自然的互动对于注意力不集中或多动症的孩子来说也有益处。个体对安全水平的觉察以及有机会身处可以沉思和反思的环境也被认为具有修复的益处。

我的整本书读写教学实践

【伴读书籍】《寻找语文的可能性》

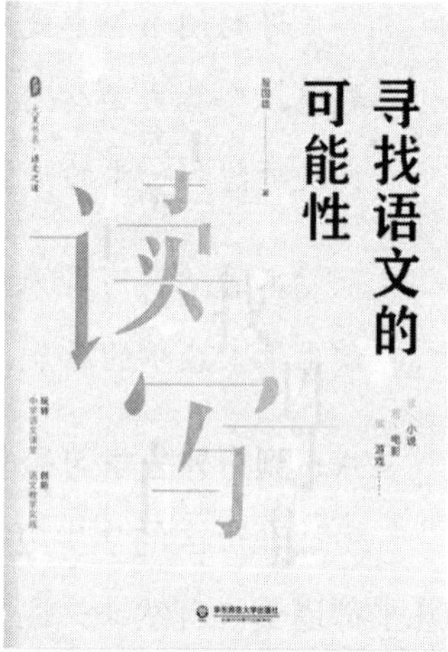

这是一个发生在中国教室里的故事，是一位中国青年教师点燃的教育激情。作者在这本书中讲述了自己在教学管理中的实践和思考，他用多彩的笔墨描绘了自己和学生共同打造的富于创意的读写课堂，让我们听到了语文教学真实的声音，有所改变的声音，这种声音生成了师生成长的动力与智慧。

【作者、伴读嘉宾简介】殷国雄

江苏省张家港市第八中学教师，中国教育报2016年度十大阅读人物提名奖获得者，《中国教育报》2018年度致敬之课改人物，《教师博览》签约作者，蒲公英评论网特约评论员，苏州半书房伴读嘉宾。

【伴读荐语】

因为殷国雄老师是一线教师，所以他了解一线语文教师教学的苦恼，知道当前语文教学的痛点。殷老师通过描述他的课堂，让我们看到了语文教学创新的可能性。能不能试着让学生编写读书报告单？能不能带着学生把读书报告单上的书籍和同名电影进行比较阅读？殷老师的语文课堂，充满着谨慎理性而非泛滥抒情，是孩子们之间的思维、孩子和教师之间的思维碰撞的舞台。殷老师通过这本书的伴读给我们打开了一扇新的语文教学大门，给了我们一个新的方向，去寻找语文的可能性。

【伴读摘要】

因为语文教学的范围太大，所以作者把讨论范围缩小为“我的整本书读写教学实践”，旨在通过自身的教学实践来引出大家的思考，从而能够更好地探索语文教学的多种可能。作为一名普通中学的老师，作者所面临的问题具有普遍性，因此相关的建议就很有参考价值。

一、当下整本书阅读教学的问题

（一）重记忆和默写，少阅读和思考。

（二）时间少，任务重，教材选文的单篇教学和整本书读写教学的时间分配不够。

（三）参照学术权力和行政权力的指令来教学。公开课多，专家讲座多，理念多，实践少。

（四）整本书读写教学只关注课堂，不关注教学管理、绩效分配、考试测评、学校管理等等。

课堂教学改革实际上是所有教育教学改革中很不起眼的一个环节，但是作为一线教师，我们没有权力要求别人怎么做，所以所有的问题都需要我们自己解决。

二、整本书读写教学的原则

（一）读书、思考、写作相结合，缺一不可。

从实践教学来看，读书、思考、写作却是切割的。

（二）教师一定要给学生明确扎实的抓手。

因为没有很好的阅读思维和习惯，再加上没有切入口，所以学生对于整本书的阅读是迷茫的，学生不知道读整本书需要解决什么问题，不知道该如何思考，老师也没给出相应的指导建议。利用思维导图进行情节梳理的方法也过于单一。因此教师在学生阅读整本书前一定要给予学生明确的抓手，并且随时进行交流讨论，以防止学生遗忘而失去最初的阅读体验。

（三）关注学生的阅读体验，以多种方式解决他们的困惑，满足其需求。

单一的阅读方式不能满足学生探索知识的欲望与需求。

三、出于这些问题和原则的实践解决办法

（一）编写读书报告单

1. 教师提问

教师在读完一遍书以后，理出一些问题组合成读书报告单，这些问题需要循序渐进、由易到难，让学生带着这些问题进行整本书阅读。

2. 学生提问

所有教学服务的对象是学生，所以我们一定要了解学生的真正需求，因此读书报告单上需要留下学生提问的空间。教师不要担心学生不会提问题，通过其他学生的质疑，加上教师组织交流，学生完全能够在实践中提高提问的能力。

3. 读书报告单上的书籍阅读和同名电影的观看比较

通过整本书的经典阅读和观看原著改编电影相结合的方法，能够使学生体会更多趣味，更能以不同形式激发学生的体验和思考。让学生比较电影和原著的不同，思考电影改编得好不好，从而深入探索，这样也更能把握原著故事情节和人物形象。

4. 谨慎理性而非泛滥抒情

教师编写读书报告单时少问“好不好，对不对”，而应该就具体故事情节或者某一情节中的人物形象进行提问。

总结读书报告单的编写原则：梳理故事情节，让学生仔细熟悉内容；对人物的行为原因进行分析，反对简单的黑白二分法；对人物前后变化的原因进行分析，对不同人物进行比较，分析相似和不同的原因；比较电影和原著的不同，分析其改编是否更好还是不好；不要抒情泛滥（例如：他也是被迫，没办法），要有基本的常识（经济学和法学知识），要让学生明确，无论出于什么目的，都不可侵犯他人财产和人身安全。

（二）大部头的整本书阅读：读书笔记的化整为零

1. 规范读书笔记格式：书名，出版社，摘录内容（标注相应页码），最后写上自己的看法。

2. 读书笔记要体现学生的逻辑思考。在提出不同意见时，学生需要对原著作者的观点进行商榷考量，通过事实支撑来佐证自己的观点。

3. 读书笔记的最终目的是让学生回归生活，体会生活本味。学生不应只是对书中内容进行理性的思考、逻辑的考量、观念的呈现，还需要联系生活实际进行书评，这样才能回归本原。

总结读书笔记的大致格式为：摘录人物行为（锻炼学生捕捉人物信息的能力），分析人物行为或者行为的目的，最后通过理性思考结合生活实际给出自己的观点。

（三）读书笔记的写作路径（读书的真正内化）

1. 读书笔记的写作方法

（1）阐述观点，要有依据，要有逻辑，真正内化读书所得。

（2）结合书中主题，写真实生活的记叙。

（3）改写剧本和表演。个性化的理解和改编，以表演的形式呈现读书。

2. 读书笔记的修改

（1）写很多篇文章，不如把一篇文章好好修改。

（2）修改作文是个性化、针对性的服务，能让学生在修改中不断熟悉写作原则，从而逐渐内化。

（3）教师要舍得花时间，家长也要舍得花时间。

3. 激励学生写作的措施

（1）放在作者公众号，以打赏来肯定智力劳动。

（2）联系杂志、报纸，以发表来激励，如《中国教育报》《当代教育家》。

让高效学习真正发生

【伴读书籍】《为了学习的合作》

学生之间、师生之间、教师之间、教师与家长之间应该怎样合作，才能促成真正的学习发生，让孩子具有决策、创造性解决问题和探究的能力？这是“另类校长”郑杰关于合作学习实践的力作。

全书从“学生之间”“师生之间”“教师之间”“教师与家长之间”四个层次，通过生动的例子、通俗易懂的语言，围绕“学生之间”交往这一核心进行辐射拓展阐释，推动真正的合作学习，让学习真实地发生。

【作者、伴读嘉宾简介】郑杰

全国知名校长，合作学习研究和推广专家，著有《给教师的一百条新建议》《首席教师》《为了合作的学习》《为了学习的合作》等。因其观点新锐，被戏称为“另类校长”。

【伴读荐语】

从《为了合作的学习》到《为了学习的合作》，诚如郑杰校长所说，这是一种理念的革新，是在实践中不断反思所取得的进步。合作学习现已渗透到每个学段的教学之中，可是真实课堂中的合作是高效的吗？学生真的从合作中提升了解决问题、创造的能力吗？

合作学习是个技术活，需要匠心，需要学习共同体中每个个体的通力配合，合作的艺术可在这本书中习得。

【伴读摘要】

一、我为什么要写这本书？

缘由：曾经自己有本书叫《为了合作的学习》，现在写《为了学习的合作》。从《为了合作的学习》到《为了学习的合作》，这里做了缘由和理由的区分。

理由：完成合作学习的本土化过程；合作学习在儒家文化圈的处境；孩子学习在浓郁的考试氛围中；学校办学自主权有限的条件下。

二、这本书的关键之处在哪里？

一种方法、两个共识、三大要领、四大运用场景、五个关键词。

（一）一种方法：合作学习可以作为一种课堂的组织形式，一种学习方式和一种教学的方法。合作学习至今已有100多年历史了，20世纪70年代，它在理论的研究方面，基本上已经到顶了，很少有人在纯理论上有什么突破。怎么把合作学习更好地本土化，合作学习在国内的课堂上怎么更好地适用场景？这些问题还有待解决。作为一种课堂的组织形式，一种学习方式，合作学习也不是全部。从教的角度上来看，教师的教学分为直接教学和间接教学。直接教学在一般场景中不可否认还是有很大用处的，例如讲授法和对学生辅导。间接教学也有两种方法：讨论和学生自学。方法的好坏在于你运用的目的。从一般信息的传递速度上来看，直接教学速度大于间接教学，可以灵活运用多种方法，找到最适合的方法。功能上间接教学更有助于能力的培养。现在的教学要把直接教学和间接教学相结合，培养学生的能力和素养。

我列举的这些两两对应的学习方式，它们并不是对立的，因为它们在含义上有一定的交叉之处，例如，“发现学习”“研究性学习”“探究学习”和“基于问题的学习”“自主学习”与“独立学习”，“创新性学习”与“探究学习”，它们的内涵都有部分的重叠；而且它们之间是互为补充的关系，每种学习方式都有其自身的价值，都有其适用的条件，如，即使广受批判的“机械学习”，也有其适用的条件，在英语单词、年号、符号的学习中，就要经常用到这种学习方式，从一定程度上可以说，学习方式本身并无“好坏”之分。总之，这些学习方式之间不是二元对立、非此即彼的关系。

（二）两个共识：大脑不是一张白纸，知识是主动建构的；在互动交往中，学生会学得更好。

（三）三大要领：合作学习是要有流程的，合作学习是要有礼貌的，合作学习是要讲规则的。

1. 流程——合作学习策略

我们把合作学习的内部视为一个黑箱。无论是科学分组还是合作结构设计，抑或是小组评价、任务设计、教师干预、师生角色等，都倾向于将合作学习视为一种教学组织的技术，从“教”的视角来考察合作学习中的问题，将合作学习的内部视为一个黑箱，只考虑输入和输出：输入的是任务、分组、教师干预，输出的是小组汇报展示、评价等。至于合作学习的内部究竟发生着怎样的交互作用、合作过程中的认知流向如何、合作有没有真正发生，这些都需要打开这个黑箱才能进一步探知，而当前对合作学习过程这一黑箱的探查甚少甚浅。所以我们要强调说话的顺序，是为了保证小组合作更有序更高效地进行。所以在此基础上，书中提出了35种合作学习的策略。

合作学习课堂组织主要解决三个方面的问题：一是时序问题，课堂能够按部就班地按照合理的流程有序进行，实现时间的合理分配；二是空序问题，通过合理分组，两人、四人、跨组或整班等方式，协调空间组合，实现课堂在空间上的效益最大化；三是秩序问题，就是通过建立规范和纪律，确保课堂活动的有秩序开展。

为了让初学者更快地上手，我研究和梳理了合作学习的35种策略，这些策略有些适用于学习基础知识、基本技能，有些适合于发展能力、促进高阶思维；一些策略，如互查法、MURDER、采访法等适用于两人小组的合作；一些策略，如“坐庄法”“接力法”“发言卡”等适用于3~4人小组的合作；一些策略，如“组际批阅法”“内外圈”“切块拼接法”等适用于小组与小组间的合作；一些策略，如“对折评价线”“世界咖啡”等适用于整班的合作。每一种策略都有操作流程和要领，每一种策略都有适用氛围和应用场景，为了使学习者更方便理解和操作这些策略，我还委托华中科技大学附小的师生们将每一种策略拍成了视频。

2. 礼貌——合作技能

小组活动要好好倾听别人的，要学会求助、提供帮助和感谢；交流思想时，会说服、提出异议、打断他人和提出问题；组成小组进行讨论时，会向别人打招呼，称呼他人……这些都是要教的合作技能。合作无处不在，如2020年的抗疫行动，全国人民齐心协力，众志成城。一个家庭也是如此，相爱容易，相处难。东亚文化圈更多的是服从。陌生人相处则更能体现平等的合作。任何一种技能都需要坚持下去，需要长期训练，有的甚至需要过度训练。合作技能本身也是一种技能。家庭也应该学会相敬如宾，也是一种尊重。合作技能应当贯穿到每一节课之中。

人的“亲社会行为”主要包括帮助、分享、安慰、合作这四种。（具体内容见书P22—P23）

3. 规则——逻辑说理

我们把自己的想法讲给他人听，一定要注重逻辑。学生发言一定要形式大于内容，先念主题，再说结论，然后说明理由，最后说说总结。让学生养成良好的思维习惯，学会小组合作的表达。这样的课堂讨论才会更有效。合作学习需形成一定的语言模板。合作学习需要礼节礼貌，需要文化规则，讨论也需要有理有据，有始有终。

（四）四大运用场景

知识传递需要互帮互助；

促进理解学会分享交流；

任务学习离不开协同合作；

及时反馈：评价激励。

（五）五个关键词

技术：合作学习是一个技术活。

技能：掌握了这种技术，才形成了一定的技能。

能力：技能的灵活运用，就具备了这种能力。

素养：教师应该具备与他人合作的素养。

信念：合作学习也需要成为一种信念。

三、怎么读这本书？

（一）按照学校一个学期20周的时间，全书也相对应地设为20个章节，20个主题。每个章节5篇文章，分别从周一到周五，便于组织阅读，同时为了每个主题更为清晰，还在每个章节结束时，有一周内容回顾。

（二）边读边实践。

（三）可以边读边提建议，便于作者写好下一本书。

行走的力量

【伴读书籍】《教育：一场惊人的旅行》

这是一名教师、一位母亲、一个人的成长史，写尽24年为师、为母、为人的经历。24年，从生源差的山区高中到城区新建重点高中，从冀中到苏南，从公立学校到私立学校，从体制内到体制外，作者不断地实现着自我的成长与突破。

作为教师，从初登讲台的大胆尝试到最终形成自己不拘一格的教学风格，开发构建起写作教学、阅读教学与电影课课程体系，重建师生关系，带出了一届届既能从容应对考试又能独立思考未来的学生。

作为母亲，在陪伴孩子成长的过程中，直面自己的焦虑，尊重孩子的自由意志，与孩子成为知己，养育了一个善写诗、会画画，为了理想勇于承担责任的女儿。

直面困境的大胆探索与拥抱未知的勇气，才有了这一场惊人的旅行。

【作者、伴读嘉宾简介】史金霞

独立教师，专栏作家，第二届华文领读者大奖获得者。创建"体验大地"人文读写公众号；创办"个人网络微校"，带领一批孩子从小学读到大学，被誉为"学生的'亲妈'，女儿的知己，中国的好老师”。中国教育报2012年度推动读书十大人物提名奖获得者。著有《不拘一格教语文》《重建师生关系》《名师点评：为生命松绑》等。

【伴读荐语】

这样的课堂，与其说是一个人的成长之路，不如说是一个人的坚守与耕耘；与其说是成就，不如说是对教育不变的温柔。

史金霞，一个从聊沙龙、写博客、发微博、创建公众号、注册喜马拉雅，到今天互加的网师。一个见证了中国互联网更新迭代的传奇人物。她说：“地上的一间间教室，网络上的一个个群，链接的都是人，传递的都是爱。”她能走进孩子的心灵，真正地把学生当成孩子去爱。持续开发课程，不断突破创新，绝不照本宣科，绝不重复自我；坚持以人为本，以教书育人为己任，不改初衷。每个人都将从她的笑中唤醒教育的初心。

【伴读摘要】

一、持续开发课程，不断突破创新。

> 我一定要超越自我，不断超越，我一定不做禁锢学生思想的，只会照本宣科，只不过把生硬的灌输变成绘声绘色、和风细雨般的填鸭的、表面现代、本质守旧的传统教师！我一定要从根本上摆脱自己思想观念和方法手段上的陈旧落后！

二、教高中面临高考，考试压力是实打实的，必须要解决孩子考试的问题，因为那是孩子实实在在的生活以及他切实的需求。如果一个高中老师，不去解决孩子高考的问题，不去帮助他实现自己高考的目标，那肯定是一个不负责任的老师。但是如果一个老师，他的目标只有高考，在教学生的时候只看到分数，实际上这是一个很可怕的老师。

> 作为一个教师，在真正的教育和应试所需要的分数之间，必须找到

一个连接点。有间之中天地宽，得乎法者味其甘，守住自己精神的净土，应有不急之务，必有不得之失，须知去就之分，乃可获得自由。与其说教育者应该去培育一个怎样的人，毋宁说教育者应该追求自己做一个怎样的人。

三、作为一个教师，你可以在你的教育教学领域里，尽己所能地去进行创造、去培养新人。什么叫培养新人？就是说你不是去培养适应社会的人。如果我们都去培养适应社会的人，那么我们的社会就没有办法进步，没有办法发展，没有办法去伪存真，没有办法走向更高、更深、更美、更新、更远大，你必须去培养有创造力的人，对生活有热情、有爱的人。

腹有诗书是一个语文老师的基本条件，但不是其能否成为一个优秀的语文教师的充要条件。一个优秀的语文教师，除了读书之外，要掌握基本的教学方法，建立完备的教育观念，尤其重要的是，要有健全的课程意识，只有这样，才能够成为一个合格的乃至于优秀的教育者，才会在教学中，贯彻教育精神，关注自身与学生的成长。……因为，“优质教育总是重视过程多于成品。如果一位学生在完成教育时变成一个只会接收信息的内存，这位学生已经受骗了。优质教育会教学生成为知识的创造者，并能洞察别人所宣称的事情是否正确”。

四、所有的工作狂都是自私的，作为一个教师应该怎样去爱自己的孩子？要把自己的孩子当作学生去爱。做老师的常常是这样，我们对学生非常有耐心、有爱、能自控，可是当我们面对自己孩子的时候，我们就忘了这些。

学生毕竟是外在于自己的他者，距离感反倒增加了一份平常心，平常心便培育出了耐心，所谓循循善诱、春风化雨就不是多么高尚的师德了，而是一种职业规范。而孩子，却很容易被看作自己的一部分，是自己生命的延续，乃至是自己全部的希望和梦想之所在（当然，这样的心态本身就有问题，此文不展开），亲密感越强，功利心就越重，急功近利、粗暴蛮横就容易滋生蔓延，再加上教师这个行业的特殊性，教师所遇见的优秀孩子太多，很容易在心中形成一种不切实际的狂妄念头——我的孩子应该是最优秀的。

五、孟子说："老吾老以及人之老，幼吾幼以及人之幼。"从爱自己的孩子推广至爱别人的孩子，就是你要爱所有的孩子，爱天下人。我从一个母亲爱自己的孩子到我作为一名教师，爱自己的学生，爱所有的孩子。

> 倘使，一个教师能够记得自己曾经是个学生，能够记得自己作为学生的时候所有的一切，能够"去以心发现心""去以火点燃火"，能够使"曾经如我的青年不再受难再如我"，能够记得"我从哪里来"，能够明白"我在做什么"，能够清楚"我到哪里去"，那么，作为教师，你就会确信，学生全面、健康地发展，远比分数之高要重要得多，因为分数并不能代表学生的一切；你就会懂得，学生身体的健康、心智的健全，远比考试的排名、升学的指标重要得多，因为排名和指标并不能决定学生的一生；你就会理解，学生的喜怒哀乐、每一个成长的必经阶段里的那些彷徨苦闷，远比班规校纪要重要得多，因为班规校纪并不是为了阻遏生长而制订的……

六、我们爱自己的孩子，爱自己的学生，却唯独忘了爱自己，这肯定不行。所谓皮之不存，毛将焉附。如果作为一个人你不能爱你自己，你不能与更好的自己相遇，那你又如何获得爱自己的孩子、爱别人的孩子、爱他人的能力，你又如何能做到泛爱众呢？要想泛爱众一定要亲仁。岁月的痕迹并不可怕，这是不可阻挡的生命规律，但是我们要让自己的心灵不长皱纹。

七、每个人是丰富多样的存在，教师是我们的职业，对于我个人来说，我把教育当成我的事业，是我生命很重要的一个部分，但它不是我的全部。为了生活是桩美好的事而生活，琐碎、真实，但是很温暖。

> 世界的广大迷人，生活的痛苦丰富，家的温暖羁绊，都值得活着的人，为之努力奋斗，为之忍受，为之煎熬。

八、针对线上教学，学生点赞，是失控吗？不，是开放自由平等多元。不进行全员禁言，就是无序吗？不，是打破壁垒，重建秩序。规则是在这个过程中逐渐建立起来的。教师要学会驾驭线上的课堂，学生要学会被控制。是补充吗？不，它是一场深刻的颠覆性的革命。根本区别在于人，人能弘道。自由，就是脑子里没有障碍。自由，就是让每个人自负其责。体制内教师的在线直播一点儿也不可怕，师知生，生知师，挑战在于师命有所不受，且师之多也，网络皆是也，师欲何为？

一个新鲜事物，你去尝试它，一定是因为你对它充满好奇，有热情，除此之外，你还要有勇气。特别需要指出的是，这个勇气，包括你必须能舍弃一些东西的勇气。其实，这是一个经济学问题。作为一个理性的经济人，你要考虑哪些东西，放弃它也可以；而哪些东西，拥抱它，对你更重要。

有勇气去争取，也要有勇气去放弃，有勇气突破困厄，也要有勇气面对自由。是的，自由是诱人的、美好的，也是惊险的、可怕的。

而在线教育，最大的特点就是自由。

恰好读了几句诗

【伴读书籍】《诗人十四个》

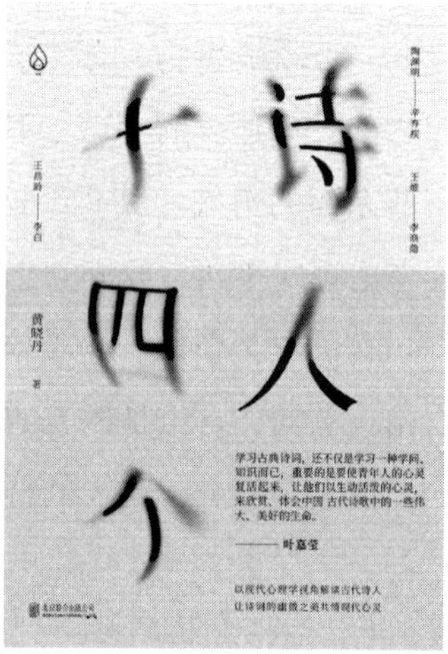

十四位古代诗人和一个现代闯入者，一场始于1600年前的诗歌沙龙，七堂围绕“春天”意象与“青春”经验的文学课，以现代心理学解读古代诗人，诗与心灵自由互动，抵达诗歌中那些恍兮惚兮的微妙细节，让古代心灵中幽微隐秘的部分重见天日，成为与现代生命体验共情的丰富资源。

《诗人十四个》围绕“春天”意象与“青春”经验，用古诗词阐释友情、孤独、情欲、死亡、别离五种生命体验，渴求与接纳两种生命态度。全书根据这些主题分为七章，每章选择两位诗人，讲解其在这一主题下的文学样貌与诗人个人气质，并在两位诗人的对比中，呈现诗歌的不同解读，展现生命的矛盾性和可能性。

【作者、伴读嘉宾简介】黄晓丹

江苏无锡人，苏州大学古代文学硕士，师从罗时进教授；南开大学古代文学博士，师从叶嘉莹教授；加拿大麦吉尔大学联合培养博士，师从方秀洁教授。现任江南大学人文学院副教授，硕士生导师。

【伴读荐语】

黄晓丹教授从“山川异域，风月同天”讲起，为我们讲述了关于诗和人的长诗。黄教授的导读一半是诗，一半是人，因为诗歌的背后，是一位位被具象化的诗人，这种具象来自作者的通感。斯人已去，我们无法真实地再现彼时的诗人，但在这来自生命的共通之中，诗与人的交融中，总有些情感在共鸣。感谢黄教授告诉我们，原来诗歌可以这样读。

【伴读摘要】

一、王昌龄是一个非常独特的诗人，他的独特体现在什么地方？我们在文学史上把王昌龄叫作“七绝圣手”，就是说在所有写七言绝句的诗人中间，王昌龄是写得最好的。我们非常容易在王昌龄的诗歌中找到这种极具感染力的，而且非常特殊的打动人心的力量。

在中国历史上有一些诗人具有王昌龄诗歌的那种特质，王维的诗里面有一点，李白的诗里面有一点，高适的诗里面有一点，可是这些人都不是所有的诗都带有这样的一种特点，很重要的原因就是这些人中间大部分都经历了安史之乱，而当他们经历了安史之乱之后，他们的诗歌风格就发生了很大的改变。

> 王昌龄出生于武则天圣历元年，开元十五年进士及第，天宝七年贬为龙标尉。安史之乱发生时，他止在南方贬所，第二年返乡途中，路经亳州，为亳州刺史闾丘晓所杀，终年六十岁。王昌龄经历了完整的开元盛世，又没有来得及亲身体验安史之乱，可以称得上是完完全全的盛唐诗人。

二、不同的语言会带来不同的效果。如果我们要找警句，一般会去五言诗中间找；如果我们要找情话，一般到七言诗中去找。总的来说，不同诗体的语言长度，会带来不一样的效果。不管是《长恨歌》还是《琵琶行》，还是“三吏”“三别”，它们全部都是长篇幅的。短篇的诗歌最适合的就是表达一种瞬间的领悟，一个生活片段或者是一种比较纯粹单纯的情感。复杂的情感，不太适合用绝句来表达。

王昌龄作为七绝圣手，必然有属于他自己的一些语气，他认为七言诗这种体式所相匹配的地方就是它可以帮助他的思维方式更侧重于情感描写，而不是更重于思辨，而且他所表达的情感是一种通透纯净的情感。

> 王昌龄最擅长的，其实是七言近体绝句。对于叙事而言，篇幅太短；对于说理而言，句子不够干脆、简洁，音调变化太多。叙事愿望太强、理性思维太多、情绪太激动都会妨碍写好它。它尤其适合表达单纯而浑成的情感。这种美，让我们想起春天的蔷薇枝、秋天的晴日云。它比质朴之美多一些流动，显得天然而婀娜。

三、“湖光秋月两相和，潭面无风镜未磨”，全都是客观地从外在来写。“遥望洞庭山水翠，白银盘里一青螺”，这句也是像我们写说明文一样来进行白描。但是，作者个人的情感在什么地方？作者个人在景物中的位置在哪里？这些都没有写，而我们看第二首《送梁六自洞庭山作》，它的背后就有一个人，这个人沉浸于浮在水面上的孤峰。“闻道神仙不可接，心随湖水共悠悠”，这两句就带有一种个人对于这些景物的向往，带有一种怅然若失之情。第一首诗像一个谜语，后一首诗更多的是一种人与物之间的浑然天成之气。

望洞庭

湖光秋月两相和，潭面无风镜未磨。

遥望洞庭山水翠，白银盘里一青螺。

送梁六自洞庭山作

巴陵一望洞庭秋，日见孤峰水上浮。

闻道神仙不可接，心随湖水共悠悠。

这两种不同的美学风格，当然来源于作者所处时代与个人性情的不同，但要呈现出来还需靠语言的变化。

四、关于诗歌鉴赏的程序，第一步就是一些零碎而真实的感受，这个感受的重点在于它一定是真实的，而不在于它是正确的。这个第一感觉很重要，可是它不能够等同于这首诗歌，所以你还要去整体地观摩和揣测这首诗的内容。你会揣测诗歌大概说的事实，可是所有的揣测都不能够完全去穿透这首诗歌，那这个时候你需要一些相关的辅助材料，这个材料就是评注和诗话。当评注和诗话中的内容和最初的那个阅读感觉能够相配起来的时候，我们对于这首诗的理解才能够逐渐深入。

五、评注和诗话中可能有一两句话说出了你心中感受到而表达不出的东西，在这个时候你对这首诗的理解才会形成一个整体，这个整体是一个感觉和思辨的统一，是一个阐释传统和自出机杼的统一，是一个专业素养与心灵自由的统一。

胡应麟《诗薮》说王昌龄："少伯深厚有余，优柔不迫，怨而不怒，丽而不淫……《国风》《离骚》后，惟少伯诸绝近之。体若相悬，调可默会。"这是在儒家诗教观念下好听的说法，意思是王昌龄修养比较好，忠君爱国之心压过了身世不平之感。我觉得可能不是，他或许只是天真。

六、所有的文学作品都不等于它的主题，那也就意味着我们去了解一个文学作品的主题，有助于我们去理解这个作品，可是他只是作品中间的极小的一部分，因为我们会发现同样的主题之下会呈现出完全不同的样貌。

七、对于诗歌的直觉来自两个地方，一个是我们自身的情绪认知能力，第二个是艺术的熏陶。我们不能仅去认识一首诗歌，一个文学作品的主题，而是最后要回到一些更加细微的层面上去进行解释，并且对于文学创作产生一种系列性的思考。当然它还会有另外一个方向，就是从社会的角度和哲学的角度去进行思考，不同的作品有不同的思维方式去理解。

闻王昌龄左迁龙标遥有此寄

杨花落尽子规啼，闻道龙标过五溪。

我寄愁心与明月，随风直到夜郎西。

我们从小学这首诗。据说它表达了李白对王昌龄的深刻同情和深深怀念。可是，后来我读了李白遭到贬谪时杜甫写给他的诗，才知道什么叫作“深深怀念”。

梦李白二首·其一

死别已吞声，生别常恻恻。
江南瘴疠地，逐客无消息。
故人入我梦，明我长相忆。
恐非平生魂，路远不可测。
魂来枫林青，魂返关塞黑。
君今在罗网，何以有羽翼？
落月满屋梁，犹疑照颜色。
水深波浪阔，无使蛟龙得。

八、我们为什么要学习诗歌？登山的理由是因为山在那里，学习诗歌的理由是因为诗歌就在那里，而且它以一种很优美的形式存在。它常常会跳出来对你发出一些邀请，你会觉得那个邀请确实很有趣，所以你就自然而然地进入了诗歌的学习。我们通过诗歌对文学语言的形式和对社会哲学的议题进行新的思考，只有在完成了这样的一个过程之后我们才能够说真正完成了对于诗歌的学习。

九、什么才是通过诗歌进行了思考？形式有很多：一种思考是说他印证了什么？二是思考会帮助我们去深入理解一些我们原先已经理解了的问题，尤其是在情感层面的感性问题。三是怀疑，因为怀疑本身也是一种非常有活力的思考。而怀疑的升级版就是第四种思考——颠覆，我们通过诗歌的学习颠覆原先拥有的一些观念，这些观念包括文学观念、审美观念、伦理观念，世界观、价值观。那么，当诗歌作为一种催化剂帮助我们进行思考，帮助我们的思维变得更活跃的时候，诗歌学习的真正目的就实现了。

富裕的犹太青年茨威格在维也纳的诵诗和歌剧声中听到一战的枪响，小康之家的迅哥儿在困顿中走向当铺，陈丹青所说的长着“没受过欺负的脸”的美国青年陷入越战的火海，他们面对人生惨境时的震惊程度，远远超过习惯了“白骨露于野，千里无鸡鸣”的人们。从盛世中坠落，人们才会发现现实，而在现实的泥沼中沉沦太久，又会寻求超越。文运与世运的关系相应而又相违，正出自这微妙的原因。经过安史之乱，中国再也不出产像开元时期那样一派天真的诗人，浑然天成的盛唐气象成为绝响。

做“返常识”的教育

【伴读书籍】《教育常识》

教师要做好教育之事，需要懂得教育的基本道理和知识。这样，才有可能让教育常识重新成为教育的底线，让学校成为“返常识”的学校。

本书通过“人性常识”“教育理想常识”“教育过程常识”“教育内容常识”“学生常识”“教师常识”“教学常识”等七个方面，就51条教育基本常识进行了深入思考，形成了比较系统的“我的教育常识”。这些是融入了作者真体验、真性情的常识，是真常识。

【作者简介】李政涛

著名教育专家，教育部长江学者特聘教授，华东师范大学教育学系教授、博士生导师。现任中国教育学会中青年教育理论工作者分会副理事长、中国教育学会教育基本理论专业委员会副主任委员、华东师范大学教育学部科学研究部主任。

【伴读嘉宾】邱华国

新教育学校管理研究所执行所长，苏州半书房、云伴读（云伴学）主要发起人，北师大教育家书院兼职研究员。著有《学校变革关键词》《校长责任：领导学校课程教学》等。近年主要从事在信息化背景下的学校系统重构，并积极推进校长、师生的“大阅读”。

【伴读荐语】

邱华国校长以《我们，正在办一所“返常识”的学校》为题，结合自己20多年的教育经历，用自己在学校管理中的实践与思考“回应”的方式来解读《教育常识》，体现了他“读而时习，习以致用”的读书信条。2019年，邱校长应邀为十多所学校的教师特别解读此书。

谈论教育常识的书籍、文章很多，为什么推荐这一本？邱校长是如何阅读这本《教育常识》的？如何在自己的学校里“用好”这本《教育常识》，办一所“返常识”的学校？在邱校长的伴读中，给出了他的答案。基于阅读此书的感受，邱校长还提出了“返常识”学校的若干实践构想。

【伴读摘要】

一、我心中“理想的学校”的基本特征：守常识，不应试，重素质；能升学，有规模，中成本。

二、要办“守常识”“返常识”的学校，有必要首先追问：应该有哪些基本的“教育常识”？在我的教育理解中，哪些教育常识还需“补课”？读李政涛教授的《教育常识》一书，能从中找到第一个问题的答案，也能促进我们对第二个问题的回答。这本《教育常识》，首先建立了一个梳理“教育常识”的基本框架，其次是自我构建“教育常识”的示范。

> 我要努力做到讲出我思考过、体验过因而确信过的教育常识，是在和已有常识的对话中“自己讲”和“讲自己”。

三、我期待的“返常识”学校应具备以下几个基本特征：

教育目的——快乐有感，幸福可期；阅读文化——读了再说，足时足量；课程教学——以长带短，助生自助；学习方式——线上线下，家校无界；综合评价——真实毕业，素质升学。

四、教育目的，需要既面向当下的“快乐”，也面向未来的“幸福”；让当下的快乐“有感”，让未来的幸福“可期”，我们的教育应该让两者有机结合起来。快乐，如同是“线段”；幸福，如同是“射线”。快乐的“线段”，只有在幸福的“射线”上截取，才有了幸福的意义。

如果我们承认“教育即生长”，那么，无论是生长的过程还是结果，都是指向于幸福的。如果一种教育无法为学生、为人类带来幸福的生活，肯定不是好的教育。

但我隐约担忧：教育希望为学生带来的奠基，最终可能变成一种替代和束缚，教育者一旦离开，学生只能在他人替其奠定好的基础上生活，却无法也无力自己去打造、去充实、去完善自我的生命基石。

若将“奠基”换为“源泉的开掘”，再增添“帮助”，或许更符合教育的真谛。

不是有了知识才有力量，找到了知识得以产生的源泉，自己具有发现知识、捕捉知识和创造知识的能力，把自己变成知识的源泉，才是真正的力量。谁让学生拥有了这种力量，谁就在自己的教育中，展现了教育的力量。

五、德智体美劳，从教育目的这个角度来说，就是快乐之道、幸福之源。而我们常说的“五育并举”，其实就是打通快乐与幸福的五个基本通道，五个“泉眼”。新教育倡导的“过一种幸福完整的教育生活”，我的理解是在“完整”的教育中获得幸福。

幸福就像“天气”和“自由”一样——没有单独哪一样标准可以完全定义它。

六、我们的学生“身处丰饶之中，却逐渐饥饿至死”，其一个直接的原因是学校里“一群不读书的教师在拼命教书”。因此，推进中小学校长、教师的真实阅读，建设真正意义上的书香校园、书香家庭，可以说是一种“人道主义行为”。因此，“读了再说，足时足量，结构优良”，是我们（苏州半书房）推进中小学校长、师生阅读的基本主张。

那种对学生大谈学习，但自己却不爱学习的教师，是没有教育人格的教师。

“如果你半夜醒来发现自己已经好长时间没读书，而且没有任何负罪感的时候，你就必须知道，你已经堕落了。不是说读书本身特了不起，而是读书这个行为意味着你没有完全认同于这个现世和现实，你还有追求，还在奋斗，你还有不满。你还在寻找另一种可能性，另一种生活方式。”（陈平原）

七、对学生要因材施教，扬长补短，可以说是教育常识之一。可是，再进一步追问，学生之“长”有哪些？我们是如何知道学生之“长”处的？学生的长处与短处之间有什么关系？再说，作为未成年人的儿童，如果要补“短”，究竟补什么，补到什么程度？这些问题，往往不甚了了。

通常来讲，人的遗传“有长有短”，出生之时是“隐长藏短”，在成长期逐步“显长露短”。“显长”的前提是有展示、发现其长处的环境和土壤。作为教育者，则需要尽可能提供“显长”的机会，并激励其“长”、磨砺其“长”。对于可能的或暂时的“短”，则需要根据课程标准帮助其走向“持平”。有时，还需要耐心等待，以长“带”短，甚至“容”短。

扬长策略，才能“学成自己”；补短策略，必然“学成他人”。

每位学生都是独一无二的，如何发现、对待学生的“长”与“短”，直接影响着学校课程与教学的设计与实施。“尊重差异，善待差距”，是我们应该奉行的基本准则。

教师心中没有学生，是教师心灵世界中最大的空白，也是最不应有的空白。

把学生放在心中，不是理想的高要求，是对教师最起码的要求。若以此标准来衡量天下的教师，大致存在三种类型：

第一种类型：心中无学生。

第二种类型：心中有学生，但是抽象的学生。

第三种类型：心中有学生，而且是具体的学生。

对学生有具体透彻的了解，来自教师的具体步骤方法：

第一步：了解“学生已经有什么？”

第二步：发现“学生还缺什么？”

第三步：研究“学生的困难和障碍是什么？“

第四步：寻找“学生的差异是什么？“

第五步：追问“学情与教学目标、内容、方法和教学过程的关系是什么？”

“教育就是帮助每个人在自己感兴趣的领域中，发现与找到最独特、最有特色的自身才能，挖掘并确认它，并使其通过不懈的努力与坚持，推进到极致，组建成为自己的才能帝国。”（任戎，德籍华人艺术家）

八、教育评价，首先得基于这样一个共识：我们的教育，是为了让人幸福，而不是比别人幸福。学校，应该是舞台，而不是擂台。

一所真正为学生幸福负责的学校，应先关注基于课标的“真实毕业”，再关注“升学”——而这升学，也应是“素质升学”。

我们可以通过“五问分数”来理解素质升学：什么是分数？分数如何？分数之内有什么？分数是如何取得的？分数之外有什么？

构建多渠道升学通道，打通多课程交汇渠道，是“素质升学”的必走之路。

人就是这样的存在：始终保持着未完成的状态，总是带着已成的可能性，走向新的可能性。

所谓“教育创造”，就是为每个孩子创造出适合他的教育，让每个孩子走出家园、校园之后，按照其各自的天赋、兴趣、需要和能力，各就各位、各得其所，走出属于他自己的道路，活出本应只属于“这个人”的幸福生活。

九、疫情期的一点启示：非常日子里，有“非常关注”“非常作为”；非常日子里，学会过平常的日子；把每个平常的日子，过得非常一点。

十、“返常识”学校，就是让学校回到常识，又超越常识；回到常态，又超越常态。